RABELAIS

manuel de diéguez

écrivains de toujours/seuil

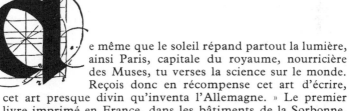

e même que le soleil répand partout la lumière, ainsi Paris, capitale du royaume, nourricière des Muses, tu verses la science sur le monde. Reçois donc en récompense cet art d'écrire, cet art presque divin qu'inventa l'Allemagne. » Le premier livre imprimé en France, dans les bâtiments de la Sorbonne, porte en exergue cette sorte de dédicace à la ville de Paris. Le lyrisme des imprimeurs lettrés n'est pas étranger à l'idée que nous nous faisons de la Renaissance : découverte de la terre et de l'homme, affranchissement de l'esprit, épanouissement de la liberté et de la personnalité. Plus tard, les romantiques devaient camper le Français idéal du XVIᵉ siècle, dont nous ne sommes pas encore revenus : élégant, sceptique, courageux, donjuanesque... « Nous entrons dans l'Histoire à reculons », a dit Valéry. C'est-à-dire que le passé que nous scrutons se déforme au gré de ce qui survient dans notre dos. De sorte que tantôt nous jugeons la Renaissance par rapport au Moyen Age — nous croyons alors que les contemporains de François Iᵉʳ ont changé de planète à cause de l'imprimerie ; tantôt, déplaçant les jalons, nous sommes frappés de ce que la Renaissance ressemble tellement au Moyen Age. En fait, le XVIᵉ siècle est très loin de l'esprit moderne, mais les problèmes qui ont agité l'Europe à ce moment-là, la Réforme, la Saint-Barthélemy, l'humanisme, l'Édit de Nantes, gardent à

5

maints égards leur actualité. C'est parce que ces querelles sont à la fois plus proches et plus lointaines que celles des *Provinciales*, par exemple, que nous les déformons. De sorte qu'on a pu dire avec Pierre Gaxotte que le XVIe siècle est plus près de nous que le XVIIe.

Le Français du XVIe siècle est-il ce raffiné, ce séducteur, ce blasé ? Certes les voyages et la vie en Italie avaient été un émerveillement : ciel doux, villes riches et animées, art éclatant, nature cultivée, parée, enfin artificielle, femmes superbes, peuple pétillant, ruines majestueuses, splendeurs des cours et des fêtes, tout donnait le sentiment d'une vie plus remplie, plus noble, plus facile, plus joyeuse. Le rêve de Charles VIII avait été de rapporter en France des objets d'art, des dessins, des marbres, des peintures, des bijoux, des costumes, tout ce qui pouvait s'acheter et s'emporter. Et François Ier semble avoir été spécialement inventé pour figurer sur cette image d'Épinal ; il avait tout ce qu'il fallait pour créer une cour étincelante. Même son nomadisme l'apparente aux *condottieri*. Il ne reste jamais plus de trois mois en un lieu, et la cour suit. Douze mille chevaux, trois mille hommes de garde et de service, les femmes à cheval ou en voiture, c'est une smala avec ses marchands, avec ses chariots. Le train royal comprend des coffres, des tapisseries, des sièges pliants, des tables à tréteaux, la literie, la vaisselle, les ustensiles de cuisine. A chaque instant, on s'arrête, on ouvre les coffres, on fait toilette, on étale ses bijoux. Mais ces hommes et ces femmes sont restés des campagnards par nature. Leurs maisons sont de grosses fermes, avec la mare à purin au milieu de la cour. Pas question de vaquer « aux petits soins de la vie cochonne » à la manière du XVIIIe siècle. A table, on prend les viandes avec les doigts ; le couteau en main, on les étend sur des rondelles de pain appelées tranchoirs. Seuls les très grands seigneurs possèdent une fourchette et savent parfois s'en servir. Deux ou trois lits par chambre, trois dormeurs par lit. A la fameuse entrevue d'Ardres où vint le roi d'Angleterre Henri VIII, la cour de France avait dressé quatre cents tentes de drap d'or et de toile d'argent : il y eut des concerts, des festins, des cavalcades, des tournois, des joutes, des bals, des mascarades. Les deux rois, vêtus de soie et de velours, brillaient de multiples diamants. Soudain Henri VIII dit : « Mon frère, je veux lutter avec vous. » Et il prend son « frère » au collet. François Ier, d'un tour de Bretagne - il s'était instruit à

« Nature cultivée, parée, enfin artificielle... »
(Le Maître du Hansbuch)

l'école des gars de Quimper et de Vannes - le jette à terre. Henri se relève, tout bredouillant. On s'interpose et la fête continue.

Certes ces rustres ont le goût des belles armes, des parures ; ils aiment sincèrement les lettres et les arts - François 1er lui-même se pique de faire des vers - mais le sens de la beauté viendra plus tard. Pour l'instant, on s'informe, on entasse richesses et savoir, on s'exerce à une manière de vivre nouvelle, encore que naïvement ostentatoire. Et puis, il faut bien distinguer l'humanisme en Italie, d'esprit nettement païen, de l'humanisme allemand, anglais, français, torturé par les problèmes moraux et religieux. En France surtout, pays des partis (Jules César *dixit*), l'humanisme sera tiraillé en tous sens par les factions. L'humaniste français, s'il est incroyant - c'est très rare - se montrera agressif, placé dans un contexte où il fait figure d'hérétique. Enfin, il faut tenir compte du décalage dans le temps, qui n'est jamais vraiment rattrapé en matière culturelle. Il y avait près de deux siècles que Boccace, séjournant au royaume de Naples, et avide de voir la bibliothèque du célèbre monastère du Mont Cassin, avait demandé à un moine de lui faire la grâce de la lui ouvrir. Il s'était entendu répondre : « Monte, c'est ouvert. » Et de lui montrer une longue échelle. Boccace, tout joyeux, monte : il trouve un local sans porte, entre, voit que l'herbe pousse par les fenêtres ; stupéfait, il remarque de nombreux ouvrages d'auteurs anciens où manquent des cahiers entiers, où l'on a coupé les marges des pages. Pleurant de douleur, il demande au premier moine qu'il rencontre dans le cloître pourquoi des livres si précieux ont été mutilés ; on lui répond que les moines, pour gagner quatre ou cinq sous, arrachent un cahier de temps en temps et en font de petits psautiers qu'ils vendent aux enfants ; d'autres, avec les marges découpées, font des bréviaires qu'ils vendent aux femmes.

Mais cela se passait au début du xive siècle. Nous possédons, par contre, datées de 1517, des lettres de Glaréan à Erasme : « Moi qui étais venu à Paris, écrit-il, pour enseigner le grec, quelle n'est pas ma désillusion ! Il n'y a personne ici qui explique dans des leçons publiques ou privées un auteur grec important, du moins à ma connaissance. Les innombrables cohortes de sophistes empêchent tout progrès. J'ai assisté récemment à une dispute en Sorbonne, où j'ai entendu d'enthousiastes applaudissements, comme si l'on était au théâtre de Pompéi. Il y avait alors une dispute imposante *de lana caprina* (sur des riens). On n'en voulait pas peu à Adam, notre premier père, de n'avoir pas mangé des poires au lieu de pommes, et tous ces hommes graves contenaient à grand-peine l'expression violente de leur indignation. Oui, il y avait près de deux siècles que Pétrarque avait écrit : « Pourquoi travailler sans cesse dans le vide, ô malheureux, et vous exercer l'esprit sur de vaines subtilités ? Pourquoi oublier la réalité des choses pour vieillir parmi les mots et, avec des cheveux blancs et un front ridé, vous occuper toujours d'enfantillages ? »

Car, en Italie, dès le XVe siècle, la Renaissance en était à sa seconde période, où le goût remplaçait l'érudition pure, où la littérature succédait au savoir indigeste et aveugle. Aristote et Platon, portés par la civilisation islamique, n'avaient pas franchi la barrière des Pyrénées pendant tout le Moyen Age. Ils s'étaient usés au contact des commentateurs arabes. Ils revenaient à Rome rajeunis par le canal des savants grecs fuyant l'invasion turque. Au XVe siècle, Platon est idolâtré en Italie autant pour sa langue que pour sa pensée. La race, l'Histoire, le ciel, la rivalité des cités, tout devait faire de la Renaissance proprement dite, c'est-à-dire de la résurrection de l'Antiquité, un miracle italien qui ne pouvait être égalé ailleurs. Ceci dit, il n'existe pas de résurrection *en tant que telle* d'une civilisation évanouie. L'Histoire permettait seulement à l'Italie d'aller plus loin que les autres nations dans l'imitation du passé. Aussi est-ce dans la péninsule que fleurirent le plus d'extravagances cicéroniennes : c'est qu'elles y étaient sans danger. En fait, la Renaissance est partout une mue nationale, tout ce qu'il y eut de véritablement créateur en Italie se donna d'instinct pour tâche d'intégrer le Moyen Age et le christianisme aux Lettres anciennes restaurées : les Raphaël, Michel-Ange, Vinci sont là pour prouver que le danger d'un schisme culturel a été écarté. La Renaissance ne fut pas une tentation d'unification culturelle de l'Europe ; elle fut, pour chaque pays, le problème de la fécondité de sa propre culture. L'apprentissage de l'Antiquité fut vite fait. Et il fallut bien passer à la création. Rabelais témoigne, autant que Marot et bientôt Montaigne, que le stade de la vénération extatique et mortelle ne dura pas. Rabelais se moque de l'écolier limousin : nous le verrons, dans le *Pantagruel*, se frayer avec clarté son chemin dans les problèmes du langage qui sont à la base de toute culture

Discussion entre savants (gravure sur bois du XVIe)

originale et délimiter exactement la part de vérité et d'erreur que recelait la nouvelle offensive du latin comme langue universelle.

L'attitude créatrice des humanistes devant le miracle italien, la richesse des enseignements qu'ils surent en tirer, doivent forcer l'admiration. Tout ce qui pouvait enrichir fut assimilé, tout ce qui risquait de stériliser fut d'instinct repoussé.

POLLE ANTARTICQVE

POLLE ANTARTICQVE

POLLE ANTARTICQVE

POLLE ANTARTICQVE

SE LIVRE FVT ACHEVE
Par guillaume Le Testu Le cinq iesme
Iour dapuril 1555 Auant pasques

Jetons un rapide coup d'œil sur la Renaissance par l'autre bout de la lorgnette ; c'est-à-dire, non plus du point de vue du Moyen Age, mais de celui du XXe siècle : nous comprendrons mieux la nécessité qu'il y avait de féconder les idiomes nationaux par le latin et le grec, ce que firent Rabelais et Ronsard... Et nous verrons pourquoi l'un des aspects les plus modernes du XVIe siècle, c'est que les problèmes de langage y sont si importants. La critique contemporaine y retrouve toutes ses questions. La philosophie ignorait les mots fondamentaux d'*absolu* et de *relatif*, d'*abstrait* et de *concret* ; de *primitif*, de *transcendental*, de *causalité*, de *régularité*, de *concept*, de *critère ;* de *rationalisme*, de *matérialisme*, de *panthéisme*, de *naturalisme*, de *déterminisme*, de *pessimisme* et autres *ismes* grâce auxquels nous nous croyons plus avancés. Dans les sciences, il faut recourir au latin ou au grec pour parler d'*attraction*, d'*orbite*, d'*ellipse*, de *parabole*, de *révolution*, de *rotation*, de *constellation*, de *nébuleuse*. En arithmétique, Pascal, un siècle plus tard, écrivant à Fermat, devra s'interrompre soudain et poursuivre en latin, parce que « le français n'y vaut rien ».

Nos méthodes d'addition, soustraction, division et multiplication ne commencent à se répandre qu'aux environs de 1600. L'état de l'optique limite rigoureusement les sciences d'observation à l'infirmité du regard humain. Le temps, difficile à enregistrer avec précision, est encore si loin de se changer en argent qu'on le gaspille inconsidérément. Le *De revolutionibus* de Copernic a si peu « révolutionné » l'idée qu'on se fait de l'univers qu'il faudra attendre le XVIIe siècle pour noter son influence. Lenteur d'esprit ? Mais qui de nous regarde avec angoisse son bracelet-montre depuis que nous sommes entrés dans le temps fantastique, alogique d'Einstein ? Et pour ce qui est des grands voyages de Magellan, du franchissement de l'Équateur, les géographes en chambre continuent d'aller chercher chez les Anciens une description correcte de la terre.

Prenons bien garde aussi de ne pas voir dans la Renaissance ce temps béni où toutes les révolutions essentielles concernaient l'univers particulier de l'écrivain et de l'artiste. Pourquoi une telle erreur de perspective s'est-elle imposée ? Nous savons que les révolutions essentielles ressortissent à la technique ; nous pensons qu'aux yeux des historiens futurs la première moitié du XXe siècle sera plutôt celle de

La géographie en chambre
(Cosmographie universelle de Guillaume Le Testu, XVIe)

Art typographique et révolution industrielle

la révolution de nos moyens de transport ou de production que celle du triomphe de la peinture abstraite - tellement nous sommes devenus modestes. Or, au XVIᵉ siècle, il se trouve qu'une révolution essentielle de la technique, l'usage généralisé de l'imprimerie, est une invention qui concerne l'écrivain. Et comme c'est l'écrivain, pour l'essentiel, qui nous transmet l'image d'une époque, il ne faut pas s'étonner qu'il nous ait transmis du XVIᵉ siècle une image euphorique : pour une fois il croyait avoir lieu d'être content !

Lorsque Budé ou Rabelais s'exaltent devant les temps nouveaux, ils saluent l'apparition du livre, comme s'il avait submergé tout à coup le marché. Les humanistes semblent jouir soudain de la faculté de se procurer les œuvres complètes de Cicéron ou de Sénèque chez le libraire, pour un prix raisonnable, comme nous pouvons depuis peu acheter Mozart, Verdi ou même Boccherini, là où Louis XIV était obligé d'engager un orchestre. Certes, pour comprendre la joie du savant devant « les belles lettres restituées en leur

ancien éclat », il faut se pencher sur le sort de l'humaniste d'aujourd'hui, fouinant sur les quais, désespérant de trouver les *Adages* ou l'*Éloge de la Folie* dans le texte, et contraint de lire Cicéron dans d'affreuses éditions scolaires et bilingues.

Mais la réalité est moins féerique. Certes, l'année de la découverte des Antilles par Colomb, on comptait des imprimeries à Lyon, Angers, Poitiers, Caen, Rennes, Besançon, Rouen, Orléans. Il en existait même d'ambulantes, qu'on transportait en charrette. Mais tous ces artisans-éditeurs n'avaient cure d'une révolution intellectuelle. Il s'agissait de s'enrichir : on imprime selon les besoins du marché, c'est-à-dire ce qui est de vente sûre, des livres d'heures, des recueils de sermons, des manuels de procédure ou de confession, des abrégés, des almanachs, des romans de chevalerie, des « civilités puériles et honnêtes ». Comme toujours, c'est la modification des goûts du public, en modifiant la cote commerciale des livres, qui transforme la politique des édi-

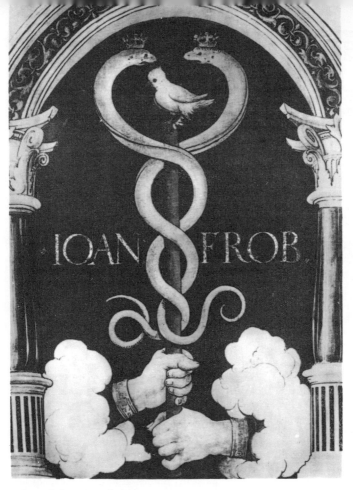

Marque de l'imprimeur Frobenius

teurs. Et ce sont les explorations qui, d'abord, éveillèrent la curiosité, de sorte que les imprimeurs se hâtèrent de répandre les nouvelles des découvertes ; la science-fiction de l'époque. Mais, pour les lettres anciennes, deux ou trois humanistes se firent imprimeurs - Alde Manuce, en Italie, Gryphe, Estienne, en France, Frobenius, à Bâle. Et tous les grands humanistes répondirent à leur appel, de sorte qu'ils eurent un contact direct, quasi manuel, avec la presse, les casses, les caractères, les porte-pages. La pénétration des lettres anciennes fut une lente entreprise à l'ombre de la « presse à grand tirage » ; et elle résulte de ce que les humanistes surent mettre la main sur une invention technique et l'utiliser à leurs fins. Rabelais travaillera chez Gryphe, éditera Hippocrate, Manardi... Le commerce des livres, à l'époque, reste pratiquement étranger à cet effort, avec ses « best-sellers » qui s'appelaient, par exemple, *Les Grandes Cronicques* ou *Les aventures de Merlin l'enchanteur*...

L'écrivain, au XVIᵉ siècle, n'a pas de véritable importance politique ; plus encore qu'aujourd'hui, il a des maîtres. On le brûle très facilement, pour des raisons théologiques de préférence.

Comment a-t-on pu croire que le siècle tout entier tourne autour des lettres et des arts, comme l'enseignent les manuels scolaires de littérature ? C'est que l'apparition des mœurs de cour, donc de la courtisanerie, l'apprentissage d'une politesse raffinée, le port de vêtements somptueux, tout ce nouvel art de vivre des Grands intègre l'écrivain à la haute classe dirigeante. De plus, l'aristocratie de cour a acquis *à ses propres yeux* une suprématie quasi mythique, reléguant dans l'ombre le petit bourgeois et le peuple : l'écrivain se met à partager la conception d'une Histoire faite par les Grands. Rabelais aussi, bien qu'il soit encore du Moyen Age par le réalisme, la paillardise, le contact avec le petit peuple. C'est qu'il n'y a de véritable possibilité de subsistance pour un écrivain que par le mécénat. Rabelais sera attaché aux Langey, il dépendra d'eux presque jusqu'à sa mort. Mais, ici encore, il faut tenir compte des différences nationales à l'intérieur de cet univers de la Renaissance. En Italie, Cellini, coupable de meurtre, ne sera pas poursuivi : Laurent de Médicis déclarera froidement qu'un tel génie est au-dessus des lois. Holbein, en Angleterre, ne sera pas puni pour avoir jeté hors de son atelier un grand seigneur. Mais, en France, Dolet sera brûlé en catimini, si l'on peut dire, pendant que le roi est à la chasse, pour avoir mal traduit un passage de Platon. En France, l'écrivain est un otage perpétuel entre les factions ; souvent il paie de sa vie la victoire ou la défaite éphémère d'un parti. Pour Rabelais, la mort d'un Langey sera toujours une catastrophe. Mais la tribu des Langey tout entière restera-t-elle bien en cour ? Il faut sans cesse demander de l'argent à ces

Grands bien étrangers à la magnificence italienne. Une indiscrétion, une imprudence peuvent ruiner votre crédit. Comment parvenir jusqu'au roi, tantôt au mieux avec les protestants, tantôt contre eux, tantôt plus fort que la Sorbonne, tantôt bafoué par elle ? A la fin, Rabelais obtiendra quelques bénéfices ecclésiastiques : toute une vie au service des Langey et du roi, des condamnations en Sorbonne, des excommunications, des fuites précipitées, des exils, pour un peu de sécurité deux ou trois ans avant la mort. Bref, c'est l'âge d'or !

L'Italie connaît d'autres terreurs, étrangères du moins au fanatisme religieux, mais non moins sanglantes. Dans son livre de dépenses, Cellini note : « Aujourd'hui, vingt-six octobre 1556, moi, Benvenuto Cellini, je suis sorti de prison et j'ai fait avec mon ennemi une trêve d'un an. Chacun de nous a fourni une caution de 300 écus. » Cela signifiait que le premier qui tenterait de tuer l'autre perdrait ses 300 écus : c'était chose habituelle de garantir ainsi la foi jurée. Faible garantie! Même les personnes de haut rang et de grande culture sont habituées aux voies de fait. Trivulce, gouverneur du Milanais pour le roi de France, tua de sa propre main au marché « quelques bouchers, lesquels, avec l'insolence ordinaire aux gens de cette sorte » s'opposaient à une ordonnance. Un jour, un homme masqué ayant prononcé des paroles offensantes contre le duc de Valentinois, celui-ci le fit saisir : « On lui coupa la main et la partie antérieure de la langue qui fut attachée au petit doigt de la main coupée. » Et si l'on considère la maison des Malatesta à Rimini ou la maison d'Este à Ferrare, on y trouve des habitudes pareilles d'assassinat et d'empoisonnement héréditaires. Et Machiavel, grand homme, honnête patriote, génie supérieur, écrivit un livre pour justifier le meurtre et la trahison : les hommes de ce temps-là sont universels. Mais il faut lire les mémoires de Cellini, type parfait de l'artiste au couteau entre les dents. Quel courage, quelle violence, quelle énergie, quelle habitude des résolutions soudaines et des partis extrêmes! Enfermé au château Saint-Ange pour un meurtre, il s'évade, mais se casse la jambe ; alors, il se traîne, perdant son sang, jusqu'à la porte de la ville : elle est fermée. Il se glisse dessous, après avoir creusé la terre avec son poignard. Des chiens l'assaillent ; il en éventre un, parvient à se faire conduire chez un ami, est repris, mis dans un cachot infect : sa constitution y résiste pendant des mois. Et maintenant, qu'on imagine dans un tel corps et une telle âme; le génie du dessinateur, de l'orfèvre, du nielleur, de l'émailleur, du statuaire, du fondeur, de l'ingénieur et de l'armurier, du constructeur de machines de guerre, de fortifications ; l'homme qui tua de sa main le connétable de Bourbon, qu'on l'imagine fabriquant lui-même ses armes et sa poudre, et atteignant à balle un oiseau à deux cents pas, et l'on se fera une idée non seulement de ce superbe animal, mais du génie spontané et violent de cette Renaissance italienne, où les lettrés, les connaisseurs, beaux diseurs et hommes du monde, sont aussi des hommes d'armes et souvent des meurtriers. Le pacifique Rabelais, toujours en fuite devant la Sorbonne et défendant ses opinions jusqu'au feu exclusivement, appartient à un autre monde — celui du doux et tolérant Erasme de Rotterdam, une figure très exceptionnelle de la Renaissance, un nordique paisible dont l'originalité et l'audace intellectuelles prennent leur sens en fonction même de la splendeur sauvage de l'Italie, de la fureur plus bilieuse des factions en France, du despotisme en Angleterre qui conduira Thomas Morus à l'échafaud.

Monde savant, délicat, livresque parfois, monde qui tourne autour de Marguerite de Navarre, de Budé, de Marot, de Ronsard - monde aux cruautés sporadiques, et qui allume des bûchers. Rabelais se réfère lui-même, avec quel enthousiasme, à cet univers idéal de la Renaissance. Il présente des vers gracieux à Marguerite, et chante les temps nouveaux. Courtoisies propitiatoires du génie ! L'œuvre, elle, est violente, furieuse, torturée sous le rire ; elle débouche sur des cruautés inouïes. C'est là qu'il faut voir la réalité de cette Renaissance qui, selon la formule de Taine, « en ravageant la société » a produit les arts.

En France, une très grande littérature de cour va naître, celle du XVIIe siècle, raffinée, profonde, tragique, avec le cœur des rois pour centre : une littérature réaliste à sa manière, c'est-à-dire d'un réalisme élevé, complexe, d'une subtile psychologie. Mais il faudra attendre le XIXe siècle pour que le réalisme au sens du Moyen Age réapparaisse, pour que l'écrivain revienne à la peinture des milieux bourgeois et populaires, dont le tragique est plus terre à terre. Une littérature de cour ne peut connaître le bourgeois que par la comédie — pour en rire ; seuls un écrivain et une société bourgeois porteront César Birotteau à la tragédie.

Le passage du Moyen Age à la Renaissance constitue une crise de conscience dont nous mesurons mal aujourd'hui l'importance. Le Moyen Age fut un de ces instants privilégiés où tout un peuple, portant l'absolu, fait surgir de terre des témoins formidables de sa ferveur. Puis, les progrès de la science, l'agrandissement de la planète par les voyages et par le commerce international, l'apparition du luxe, le paganisme retrouvé, une philosophie rationnelle brusquement révélée par Aristote provoquèrent un travail d'analyse qui fit éclater le monde ancien et prétendit l'enfermer dans les « assises concrètes de la science ». On redécouvre les lois de la perspective, mais en même temps on cherche à reforger l'unité perdue de la connaissance en explorant la mystique universelle. Comment échapper à un univers tout livré à l'exactitude ? Problème très moderne déjà. Aussi est-ce à tort que la Renaissance, notamment dans les arts plastiques, nous paraît sereine : c'est un art violent, angoissé, frénétique. Au début, les perspectives d'Ucello durent sembler inintelligibles. Ce qui fit juger Raphaël « divin », c'est justement d'avoir reconquis l'harmonie à partir d'un écartèlement prodigieux de la conscience : effort immense pour ne pas enfermer l'homme dans l'anatomie, pour faire rayonner les corps. Sous la passion du savoir universel d'un Pic de la Mirandole, une quête transparaît : des voiles trompeurs étaient sensés déguiser l'unité mystique du genre humain. L'érudit-prodige, planant avec impartialité au-dessus de toutes les sectes de son temps, se sépare des spécialistes étroits qui reniaient le christianisme pour n'adorer que l'antiquité ; il veut défendre la philosophie du Moyen Age contre le dédain des philosophes ; il veut démontrer qu'on pouvait concilier Platon et Aristote, les juifs et les grecs, les chrétiens et les arabes, tous les sages anciens et modernes dans une « harmonie générale de la philosophie ». C'est cela, le drame intellectuel de la Renaissance.

Chez Rabelais, la même passion domine : recherche d'un savoir universel, énergie de tout entreprendre et de tout posséder. Cette boulimie encyclopédique, ce n'est pas une gloutonnerie de l'esprit, c'est la quête de Pic de la Mirandole comme de Vinci, de Raphaël comme de Cellini. Mais le temps de Dante est passé, où un symbolisme compris de tous pouvait rendre compte de l'univers. Pour ressaisir tout au fond de soi quelque vérité, quelque équilibre supérieur, Rabelais recourra à l'allusion, au rire, à l'apologie, au silence, perdra parfois en route le secret, le retrouvera dans des pages extraordinaires sur l'équilibre psychique. Le voyage initiatique se fera réaliste, satirique, bouffon même. L'œuvre de Rabelais, tout étrangère à l'humanisme classique dans sa dimension profane, c'est-à-dire en tant qu'universalité strictement psychologique du genre humain, constitue la synthèse la plus vaste dont pouvait rêver un génie nourri à la fois des grands théologiens du Moyen Age et de l'angoisse de la Renaissance — formidable mue entre le paradis perdu et la société idéale.

Le milieu du XXe siècle, brusquement ouvert sur un élargissement interplanétaire et mortel de l'homme, mais butant sur le mystère du *temps*, devenu fonction de la vitesse, nous permet de saisir beaucoup mieux que le XIXe siècle ne le pouvait cette Renaissance où, comme aujourd'hui, la planète semblait brusquement éclater, reculant à l'infini les frontières de la recherche objective, sans entraîner pourtant les grands esprits dans quelque foi naïve en l'avenir de la science. Nous scrutons les songes, nous revenons à l'alchimie, nous cherchons en vain nos limites et pourtant nous nous sentons bornés ; nous goûtons l'art nègre, aztèque ou maya, la peinture japonaise, la sculpture étrusque, le théâtre chinois, les yogis indiens — nous nous initions aux « voix du silence » d'une civilisation qui rêve d'être touchée à la fois par les archaïques grecs et les sculptures wei, par Michel-Ange et par Cézanne, à la recherche de quelque secret intérieur. Nous aussi avons brisé une scolastique, celle des philosophes en chaire avec leurs systèmes ; nos philosophes sont redevenus des humanistes, et Heidegger rêve aux dix mille habitants d'Athènes. Comme nous, le XVIe siècle explore les civilisations évanouies, ressuscite les ruines des temples morts et les cultes des dieux effacés, bouleverse la peinture et le système solaire. Mêmes contrastes violents, mêmes alternances de raffinement et de sauvagerie, mêmes échanges culturels spectaculaires coupés d'exécutions capitales, mêmes intolérances déchaînées, mêmes rêves de cités futures, même résurrection des corps nus, même brassage des langues et des croyances, mêmes vengeances implacables de la politique, même culte de la beauté, même tumulte universel autour de quelques grands esprits solitaires, tout épris de silence. Vraiment, de toute notre histoire, le XVIe siècle est aujourd'hui le plus proche du nôtre : ce n'est pas une ombre que nous évoquerons en parlant de Rabelais.

u biographe, Valéry a dit que « son illusion consiste à croire que ce qu'il cherche peut engendrer ou expliquer ce que l'autre a produit ». Le biographe « compte les chaussettes, les maîtresses, les niaiseries de son sujet ». La biographie d'un Rabelais ne serait pas sans enseignement : elle est seulement devenue presque impossible en se voulant moins vulgaire. Comment s'est accompli dans le temps un tel mûrissement spirituel ? Quel événement inaperçu a pu déclencher telle crise grave, favoriser telle éclosion, détourner tel pouvoir, faire naître tel imprévu qui a pris nom et figure de victoire ? Qui dira l'insignifiance de tel fait spectaculaire, l'importance, au contraire, de tel hasard ? Comment fonctionne enfin chez Rabelais cet art assuré dont l'alchimie nous est toute inconnue, mais qui se nourrit à coup sûr d'événements infiniment plus nombreux et plus imperceptibles que ceux, rares et voyants, de la biographie ? Telle saisie brutale de ses chers livres de grec au couvent de Fontenay, qui dira comment Rabelais s'en est armé, ou de quel retranchement secret son esprit a trouvé alors le prétexte ? On voit que si « le vrai à l'état brut est plus faux que le faux », si « les documents nous renseignent au hasard sur la règle et sur l'exception », la biographie non vulgaire nous replace au cœur du mystère. Pour retracer brièvement la vie de Rabelais, que quelques conjectures

Où Maître Alcofribas entre dans sa mythologie
(peinture d'Arcimboldo)

nous soient donc permises lorsque l'événement biographique nous paraîtra vraiment concerner l'auteur ; et qu'un peu d'ironie, dans le cas contraire, n'offusque point le lecteur. Car le grand écrivain vit peu ou prou dans la mythologie de sa création ; sa biographie est donc surnaturelle comme celle de ses héros, et il faut nous demander à quel point nous la faussons en prétendant l'examiner hors du mythe qui la porte.

Nous ne savons même pas en quelle année ni en quel lieu naquit Rabelais, ce qui a désespéré des générations de critiques. Toutefois, nous n'en sommes pas réduits, par ignorance complète de sa vie, à nous pencher surtout sur son génie, comme c'est le cas pour Homère ou Eschyle, dont nous ne connaissons que les œuvres. Un extrait, transcrit seulement au XVIII\e siècle, d'un recueil d'épitaphes de l'église Saint-Paul à Paris dit qu'il mourut âgé de 70 ans le 9 avril 1553. Mais c'est une fausse piste car, dans une lettre adressée en 1521 à Guillaume Budé, premier savant de France et patron des hellénistes, notre auteur se qualifie d'*adulescens* - un *adulescens* de 38 ans ! Et trois ans plus tard, un de ses amis le loue de briller par un savoir bien au-dessus de son âge, ce qui témoignerait d'une ironie déplacée à l'égard d'un homme de 41 ans. Bref, il y avait de quoi aiguiser la sagacité des chercheurs. Elle le fut. Et Rabelais naquit le 4 février 1494 par suite d'une série de remarquables déductions approximatives d'Abel Lefranc.

Puis nous rencontrons sur notre route cinq actes notariés, cinq superbes règlements de succession, qui nous renseignent sur ses géniteurs, frères, beaux-parents et cousins. Il est vrai que notre François n'y est pas nommé, ce qui semblera peu conforme à l'usage ou vengeance posthume des Chicanous. Mais le génie est par essence frappé de mort civile en ce monde, et Rabelais le fut en tant que religieux, tellement la réalité dépasse la fiction. Par contre, les noms de personnes, de lieux, le nom même de la Devinière, maison des champs de son père, sont cités dans ces actes précis. Son père, nous savons donc qu'il n'était point apothicaire, comme on l'a cru longtemps, mais licencié ès lois, avocat au siège royal de Chinon, qu'il revêtit même les fonctions de sénéchal de Lerné et de mandataire de Gaucher de Sainte-Marthe, avec lequel il eut ensuite un différend : la guerre picrocholine nous fournit de cet incident une copie si célèbre qu'on l'a prétendue supérieure à l'originale. Assesseur au siège de

François Rabelais,
docteur en médecine, curé de Meudon-lez-Paris

Chinon, seigneur de Chavigny-en-Vallée, propriétaire de la Devinière ainsi que d'une grande maison sise rue de la Lamproie à Chinon, Antoine Rabelais était un homme considérable, apparenté aux meilleures familles de sa province, les Gallet, les Delapiteau, les Pavin, comme chacun sait. Il mit le comble à sa renommée en épousant une Dusoul et en lui faisant trois enfants, une fille, Françoise, et trois mâles, Janet, Antoine et François. Il y a apparence que notre auteur est né à la Devinière même, et qu'il y a passé son enfance parmi les veaux et les vaches, une enfance irréelle, épique, mythologique, qui nous intéresse précisément en tant que fable, épopée et mythe gargantuesques. Laissons donc notre auteur conquérir ses plus hauts mensonges et oublions l'enfant aux rêves mal assurés.

▲ *« La Devinière, maitayrie dans la paroisse de Sully, à une bonne lieue de Chinon ; c'est le lieu où est né Rabelais » de nos jours et au XVIIe siècle.* ▶

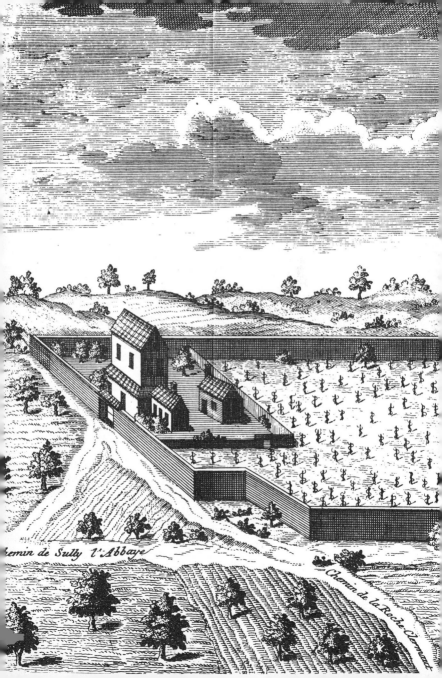

Chemin de Sully l'Abbaye

Chemin de la Roche Cl...

le dehors de la
Chambre de Rabelais
a Chinon.

Jar
din

Cour du Cabaret

Pour que le petit Rabelais fasse la connaissance de Geoffroy d'Estissac et des frères du Bellay, ses biographes l'ont fait novice au couvent de La Baumette, près d'Angers, mais nous n'en possédons aucune preuve sérieuse. Il apprit le latin, étudia la scolastique, entraîna systématiquement sa mémoire par des exercices singuliers, en conséquence de quoi il reçut les ordres mineurs et majeurs : à vingt-six ans il est moine franciscain au couvent des Cordeliers du Puy-Saint-Martin, près de Fontenay-le-Comte, en Poitou. Il y fait la connaissance de Pierre Amy, *homme, j'en jure par les grâces, digne d'être aimé* et grand helléniste, ami de Budé. Rabelais travaille d'arrache-pied à décrasser son latin d'église ; en grec, ses progrès sont tels qu'il est bientôt capable de fabriquer dans cette langue des vers exécrables.

31

Pierre Amy (en réalité Lamy, mais il fallait s'aligner sur *amicus*) engage son condisciple à écrire à Budé, dit Βουδαιος. Rabelais refuse longtemps : quel espoir d'une réponse un homme obscur pouvait-il nourrir *ex epistula inculta, agresti, barbara* - à une lettre sans style, fruste et barbare ? Il écrit tout de même et, cinq mois plus tard, sa modestie est comblée : il n'a effectivement pas reçu de réponse. Il réitère. C'est cette lettre que nous possédons : elle nous en dit long sur la finesse, l'opiniâtreté, la malice, l'humour et l'extrême habileté de Rabelais. Entassant sur la tête de Budé, dont il parle à la troisième personne, les couronnes les plus lourdes, il le met au pied du mur en lui montrant dans quel guêpier Lamy s'est fourré. Car lui, Rabelais, va présenter contre ledit Lamy *pour fait de tromperie : requête vraiment terrible, dont il ne se tirerait pas facilement, à moins de subir la peine que je fixerais, le moindre effet de celle-ci pouvant être la perte de tous ses biens.* Ce chantage se poursuit : *Aussi bien (...) je ne saurais dire ce que l'attente d'un châtiment certain a procuré à notre ami d'angoisses renouvelées, jour et nuit, dont j'ai été témoin, car j'avais laissé transpirer mon projet de poursuite... Voici donc ma seconde lettre.* Il s'agit d'un humour assez comminatoire, même si le baume final des vers grecs où Plutus, le plus impur des dieux, est convié à aller voir Budé pour y goûter le culte de la beauté, vient donner à cette épître, cicéronienne jusqu'au pastiche, selon la mode érasmienne du temps, son allure de panégyrique dévot.

Rabelais saura en effet, tout au long de sa carrière, s'assurer les soutiens les plus puissants et rentrer en grâce au besoin. En ce temps-là, un écrivain ne s'adressait pas à un vaste public prodigieusement cultivé, anonyme et payant : son crédit, sa sécurité, ses biens, tout dépendait du bon goût de ces « quelques-uns » dont Gide dira, quatre siècles plus tard, qu'ils « sauveront le monde ». Comme le petit nombre vous donnait ce qu'on appelait la gloire, c'est-à-dire d'être admiré des trois mille personnes qui comptaient en Europe, il ne faut pas voir de flagornerie dans les lettres de Rabelais. Et il ne faut pas davantage s'étonner, en un temps où l'estime d'un seul homme comptait encore tellement, que le style épistolaire ait pris quelque redondance, compromis subtil avec la sincérité impossible, alibi déguisé par l'outrance. Les écrivains les plus répandus étaient aussi ceux qui entretenaient la correspondance la plus tentaculaire avec toute l'Europe, faisant rouler les torrents d'une admiration confraternelle dont les réserves n'étaient pas inépuisables. D'où quelques clauses de style jusqu'au *sed hæc satis, vale et me ama*, (mais en voilà assez, porte-toi bien et aime-moi) des formules finales. Enfin, une invention encore toute récente vous permettait d'imprimer ce que vous aviez écrit en vers pour la plus stricte intimité : les trois mille « amis » approuvaient, car selon le mot de La Bruyère, les gens de goût n'applaudissent pas, ils approuvent.

Ce qui frappe chez Rabelais dans ces lettres de solliciteur, c'est déjà l'audace, la fierté, la lucidité qui se déguisent sous le rire. La lettre à Budé, sous les révérences multiples, est de Panurge : mais le grand écrivain satirique y montre le bout de l'oreille. Plus tard, seul Swift saura pousser aussi loin l'art de la raillerie glacée et imperturbable, provoquer le vertige par la seule vérité, en vous la dévoilant brusquement d'un geste violent, précis et sans le moindre commentaire. Sous le rire de Rabelais, il y a un art cruel, une rigueur impavide, le pessimisme des plus grands.

De 1521 à 1523, Rabelais poursuit ses études de grec, tâche ardue, secrète, passionnante ; les maîtres sont rares, et les livres, il faut les faire venir d'Italie à grands frais. Gilles de Gourmont, seul imprimeur de grec en France, ne publie que deux douzaines d'ouvrages en douze ans, de 1508 à 1520. Quelle ferveur anime les dialogues où Socrate veut retrouver la parole ! Ces cénacles ne sont pas antichrétiens. Pourtant une recherche des sources, un goût nouveau pour le parfum inaltérable des Évangiles et leur lumière, le besoin de savoir, une foi toute renouvelée, une passion enfin de ce que nous appelons l'authenticité les anime : c'est le temps où la Réforme se confond avec le libre examen d'un Erasme, où l'évangélisme ne s'est pas encore figé en une nouvelle orthodoxie, plus rude que l'ancienne, avec son « pape en papier ». Qui étudiait le grec appartenait à un clan fervent. Mais pour les facultés de théologie, le grec était une langue satanique, et le ciel d'Athènes chargé de noirceurs. Lorsque Erasme publie ses commentaires sur le texte grec de l'Évangile selon saint Luc, la faculté de théologie de Paris interdit l'étude du grec en France, et les supérieurs du Puy-Saint-Martin près Fontenay-le-Comte saisissent les livres grecs de Rabelais et de Pierre Amy.

On comprend que, parmi les Cordeliers abêtis de ce couvent de province, nos deux hellénistes, nos « forts en thème »,

Les humanistes au pouvoir : Tiraqueau, Budé.

honorés de lettres de Budé et de Tiraqueau le légiste, suscitaient quelque jalousie intellectuelle, au nom de la bienheureuse *simplicitas* et de cette ignorance bénie qui passait pour vertu chrétienne. Comme tout véritable écrivain, Rabelais, à trente ans, s'était construit un univers spirituel indestructible, où le grec, les Évangiles, les amitiés choisies, les connaissances encyclopédiques jouaient déjà leur rôle comme les instruments divers d'une même symphonie. Cet univers devra mûrir, trouver son lyrisme, son élévation, et jusqu'à la joie qui l'emportera, mais les bases en sont jetées. Dans cette perspective, la saisie des livres grecs de Rabelais constituait un très profond attentat à la liberté intérieure d'un écrivain.

Il en gardera, à l'égard des moines, une haine d'une sauvagerie animale : ce sont les seuls moments où Rabelais se déchaîne. Mais le retranchement secret du railleur, qu'on sent tout au long de l'œuvre et dont la note mélancolique se fait entendre par des moments de silence choisis avec un art si fin, ou au contraire par d'énormes silences majestueusement placés aux lieux des plus hautes revanches de l'esprit, tout cela a dû mûrir aussi dans le creuset de l'affront, dans la féconde offense.

...Jean et Guillaume du Bellay

Il faut faire jouer les protections. Budé d'abord, qui soutient nos hellénistes par ses lettres d'une grande élégance ; il y fulmine contre l'ignorance, il y proclame sa foi dans la victoire finale des belles-lettres sur les ténèbres. Ces missives ont dû peser d'un grand poids dans le crédit que trouva Rabelais auprès de Geoffroy d'Estissac, crédit qui le fait passer chez les Bénédictins de Saint-Pierre-de-Maillezais, toujours dans le voisinage de Fontenay-le-Comte, et aboutit même à la restitution des livres grecs à leur propriétaire. Car Geoffroy d'Estissac n'est autre que l'évêque de Maillezais, abbé par surcroît du couvent de Saint-Pierre. Rabelais se verra confirmé dans son nouvel ordre par un indult de Clément VII, obtenu naturellement par l'entremise de son puissant protecteur. Au reste, il ne semble pas que Rabelais ait vécu très assujetti aux règles de son ordre : Geoffroy d'Estissac l'attache à sa personne en qualité de secrétaire, et peut-être de précepteur de son neveu. Notre moine en demi-congé accompagne, dans ses randonnées à travers le Poitou, le riche et noble personnage qui visite sans cesse ses terres opulentes et ses nombreuses abbayes : à demi évadé des offices et du bréviaire, il partage la vie du cénacle lettré de

35

Ligugé, résidence ordinaire de son mécène. Il y fait la connaissance de Bouchet, intarissable rimailleur ès vers latins, qu'il faut citer dans toute biographie sérieuse, sous prétexte que nous possédons des congratulations versifiées que les deux hommes échangèrent pour faire alliance à la petite cour du puissant évêque. Quant à Pierre Amy, il trouva refuge chez les Bénédictins de Saint-Mesmin, près d'Orléans, où nous perdons sa trace.

Aux côtés de Geoffroy d'Estissac, Rabelais découvre le monde : non seulement celui des lettrés, des religieux instruits, préoccupés des maux de l'Église, mais aussi celui des officiers de justice et des magistrats, des procureurs, des avocats, des greffiers, des notaires, des fermiers, des paysans.

Le *Gargantua* sera le reflet de ce monde provincial et quasi idyllique où un bon prince, protecteur des lettres et respectueux des traités, sage gérant de ses domaines et sachant assurer une saine justice, garantit le bonheur, la prospérité la foi de tous, et même leur salut. Ce cadre s'élargira jusqu'au royaume, puis jusqu'aux terres lointaines et aux aventures sur mer. A mesure que progressera l'initiation, la vérité se fera plus âpre, et la solitude commencera. Mais toujours Rabelais portera en lui ce milieu princier et campagnard, ouvert aux débats de conscience et d'idées, enraciné à une terre, porté par une famille et un nom. Ligugé, Maillezais, ce sont les paradis secrets, les hauts lieux de l'enfance dans l'œuvre de Rabelais. Lorsqu'en 1527, sans raison connue, il quittera le Poitou pour errer, semble-t-il, à travers la France, c'est que le port est sûr en lui. Dans son œuvre, il y aura toujours des départs, moments essentiels, où l'on va affronter le monde parce qu'on a assuré ses attaches ; et ces départs, grands instants spirituels et initiatiques, pourrait-on dire, dans la mesure où toute œuvre grande est allusive à quelque itinéraire de l'âme, ces départs donc présagent à quelque itinéraire de l'âme, ces départs présagent le Νόστος de quelque Ulysse intérieur. Est-il un envol lyrique plus secret et soutenu que celui de cette longue phrase qui termine toute l'œuvre de Rabelais sur un étrange repos en Ithaque : *Enfin... trouvâmes nos navires au port ?*

Si ce brusque départ de 1527 - que faire de ce silence de deux ans, de ce trou de deux ans dans une chronologie ? - met les biographes aux abois, son sens est inscrit dans la biographie allusive et mythologique, c'est-à-dire dans l'œuvre. Et il arrive que le réel se plie à la fiction. Rabelais s'en va parce qu'il commence à embrasser son espace littéraire - corps à corps symbolique avec le monde. Rabelais s'en va, parce qu'il se lie à l'entreprise d'écriture singulière qui germe en lui. Le voici donc moine « gyrovague » en pleine apostasie : il a abandonné le froc des Bénédictins pour la robe de prêtre séculier. Ce délit était fort commun : avec un peu de lettres et d'esprit on se le faisait pardonner. Il est un autre apostat, Erasme, auquel un pape offrit la pourpre cardinalice. Nous n'en sommes pas là avec Rabelais, qui élargit son horizon géographique et intellectuel en s'arrêtant dans les principales villes universitaires de France : Bordeaux, Toulouse Montpellier, Valence, Bourges, Orléans, Angers, Paris. Dans le *Pantagruel*, il montrera qu'il connaît ces lieux aussi bien que la géographie d'Hérodote, ce qui n'est pas peu dire. Et les premiers livres témoignent aussi de cette volonté d'embrasser et de digérer toute la terre, avec les hommes qu'elle porte, les bêtes et les plantes. Mais peu à peu cet embrassement glouton s'exhaussera jusqu'à rendre de plus en plus accessoires les lieux et les hommes, jusqu'à faire marcher en plein ciel de joie un héros spirituel. Cette élévation progressive, qu'on remarque aussi dans le *Quichotte*, comme si l'œuvre se surélevait d'elle-même par une loi de l'art, suggère une joie évangélique très secrète et se marie étrangement avec la plus haute férocité satirique : du mariage de ces moyens littéraires, en apparence contradictoires, naîtront des sonorités rares, les beautés d'un univers tout nouveau et riche en surprises. Mais pour l'instant Rabelais en est au stade ambulatoire : il assure ses assises, allant de ville en ville, aventurier boulimique de la connaissance, gastrolâtre des humanités. Mais qu'on ne s'y trompe pas : une haute foi porte ce grand esprit et le rend implacable à séparer le bon grain de l'ivraie. En 1532, il évoque, pour Tiraqueau, la *force des ténèbres*, qui n'est autre pour lui que la force de l'ignorance. *En tout métier nombreux sont les ignares et les personnes sans mérite, mais très rares les hommes zélés et de grand mérite*, écrit-il, citant Platon.

N'anticipons pas ; nous sommes en 1530 : Rabelais cesse enfin de courir de ville en ville, il se fait immatriculer à la Faculté de médecine de Montpellier où il prend, six semaines plus tard, le grade de bachelier. Il va demander à la médecine d'assurer sa subsistance.

Les médecins ne jouissaient pas alors d'un statut moral aussi respecté qu'aujourd'hui. Même les « grands patrons » ne goûtaient pas la gloire internationale. Les méthodes,

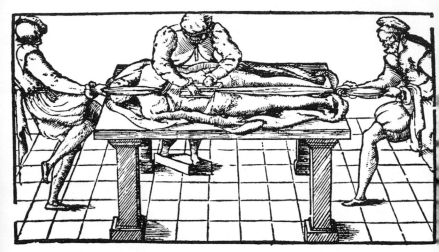

*La science médicale définitive d'Hippocrate et de Galien
(gravure sur bois extraite des œuvres d'Ambroise Paré)*

au surplus, n'étaient pas expérimentales, mais philologiques :
on se rendait maître des textes contenant la science médicale
définitive d'Hippocrate et de Galien. Un humaniste comme
Rabelais pouvait commenter les *Aphorismes* et le *Petit art
médical* directement sur le texte grec, et dénoncer les con-
tresens accumulés dans la Vulgate latine : c'est ce qu'il fit
à son cours de stage avec un très grand succès. Un auditoire
digne de Panurge et de Taumaste vint ouïr et applaudir le
docte bachelier.

Au printemps de 1533, Rabelais s'installe à Lyon, capitale
de la Renaissance, et publie chez Gryphe les *Lettres latines*
de Jean Manardi, médecin de Ferrare. Il les fait précéder de
la lettre à Tiraqueau, si sévère pour les imbéciles, et qui nous
apprend beaucoup de choses sur les moyens littéraires du
Rabelais de 1532. En effet, nous voyons que la langue latine
de Rabelais est celle même des parties dites sérieuses dans
le *Gargantua* et le *Pantagruel*. Ce n'est donc pas la langue
d'un latiniste de confection ; c'est déjà une langue violente,
imagée, réaliste, mêlant le comique à la férocité, une langue
qui dépasse toute rhétorique.

La même année, Rabelais lance chez Gryphe le premier « livre de poche », si l'on peut dire, en publiant les *Aphorismes* d'Hippocrate dans un format miniature qui eut un grand succès. Ce travail philologique, préparé à Montpellier, comportait 187 notes marginales pour les 77 pages du texte d'Hippocrate. Gryphe devait rééditer onze ans plus tard ce *vademecum* des administrateurs de clystères, mais en supprimant quelques notes de Rabelais.

Par la dédicace à Geoffroy d'Estissac, on peut se faire une idée du travail de Rabelais philologue et mesurer son respect pour les textes : *Ayant collationné leurs traductions, écrit-il, avec un très antique manuscrit grec que j'avais, outre ceux qui circulent, très élégamment et correctement écrit en lettres ioniques, je m'aperçus qu'ils avaient omis beaucoup de choses, qu'ils en avaient ajouté d'étrangères et de défectueuses, qu'ils en avaient exprimé d'autres faiblement et qu'ils en avaient plutôt détourné de leur sens que tourné en français beaucoup ; ce qu'on a coutume de regarder partout comme fautif, mais ce qui doit être considéré comme criminel dans les livres de médecine où un seul petit mot ajouté ou coupé, voire un seul signe interverti ou tracé à contretemps a quelquefois livré à la mort des milliers de gens.* En aucun cas, on le voit, la médecine d'Hippocrate et de Galien ne pouvait envoyer à la mort par ses propres vertus : le médecin est devant les textes sacrés comme un préparateur en pharmacie devant une ordonnance parfois illisible, et qui, se trompant d'ingrédient pour avoir mal lu, envoie le malade *ad patres*.

Notre savant philologue fait vite son chemin à Lyon - il n'y est d'ailleurs pas venu sans un plan d'action mûri ni sans appuis. Le Ier novembre 1532, il est nommé médecin du Grand-Hôtel-Dieu-de-Notre-Dame-de-Pité-du-Pont-du-Rhône (situation considérée, salaire de famine). Mais cette situation et ses récentes publications permettent à notre auteur d'étendre le cercle de ses relations dans les milieux littéraires. Rabelais connaît maintenant Étienne Dolet qui devait périr sur le bûcher, Mellin de Saint-Gelais, poète courtisan et même courtisan poète suivant les exigences alternées de la muse et de la table, Salmon Macrin, un des meilleurs de ces poètes français oubliés pour n'avoir écrit qu'en latin, Antoine du Saix, qui jamais ne tordit son cou à l'éloquence, Erasme enfin, le fabuleux Erasme, dont on réédite exclusivement et interminablement, en traduction, l'assez plat *Éloge de la Folie* [1]. La satire d'Erasme est souvent courageuse et même d'une rare violence, notamment dans ses attaques contre les papes guerriers et les cardinaux cousus d'or. Mais le procédé allégorique est uniforme, monotone et sans vie : Erasme est fermé au fantastique, au monstrueux, c'est un moraliste badin et de bon goût, non un de ces contemplateurs glacés des profondeurs, qui ne vous sauvent du vertige que par une âme évangélique (Rabelais) ou par la passion de la justice (Swift). Non privé de vision foudroyante, mais toujours des moyens de la grande satire, Erasme a prétendu dire avec le sourire les vérités les plus terribles, un peu à la manière d'Anatole France, qui se réclamait de lui avec art : « J'enseignerai par un savant et profond badinage, je serai un autre Erasme. » Lorsque Rabelais parle de la *philautie* (amour-propre, vanité) dans la lettre à Tiraqueau, c'est à l'*Éloge de la Folie* qu'il songe, sans s'apercevoir, semble-t-il, de la supériorité de ses images à lui et de cette sorte de tragique, de silence, d'un accent si moderne, qui les sous-tend.

Si Rabelais a admiré un homme éperdument, c'est Erasme : ce qu'il en dit témoigne d'un élan irrésistible du cœur. En 1532, à propos d'une attaque de Scaliger contre Erasme, il écrit : *Père, ai-je dit : je dirai même mère, si votre indulgence me le permet. En effet, cela même que nous pouvons voir tous les jours chez les femmes enceintes nourrissant des enfants qu'elles n'ont jamais vus, et les protégeant contre les rigueurs de l'air, vous l'avez éprouvé. Car moi dont le visage était inconnu de vous, dont le nom même était obscur, vous m'avez dirigé de telle sorte, vous m'avez nourri de telle manière aux très chastes mamelles de votre divin savoir que le peu que je suis et tout ce que je peux valoir, je l'ai reçu de vous seul ; et si je ne le rapportais pas à vous, je serais le plus ingrat des hommes vivants et à venir. C'est pourquoi je vous salue encore et encore, père très aimant, père et parure de la patrie, protecteur des lettres, invincible champion du vrai.*

Passion de la connaissance et passion de la vérité, invincibles passions chez Rabelais comme chez Erasme. Mais il est un lien plus secret : Erasme avait parcouru toute l'Europe, il avait professé dans les universités les plus illustres, il s'était fait admirer comme l'homme le plus savant et le plus universel

---

1. Une magnifique édition latine de ses lettres vient pourtant d'être menée à bien par l'Université d'Oxford après un travail de près de quarante ans.

*Erasme, le père spirituel de Rabelais
(gravure de Dürer)*

de son époque. Il avait joui de la faveur des papes Léon X, Adrien VI, Clément VII, Paul III. François Ier, Charles II, Henri VIII avaient essayé en vain de le retenir : il avait préféré s'établir à Bâle auprès de son ami l'imprimeur Froben. Or, comme Rabelais, Erasme avait été mis au couvent très jeune et avait pris en horreur les vices et ignorances des moines. Comme Rabelais, c'était un infatigable voyageur, peu à l'aise auprès des grands et préférant la retraite studieuse. Enfin, ce savant grave et solennel, cet érudit dans les lettres hébraïques, grecques et latines avait provoqué une stupeur immense en écrivant pour se distraire (dit-il), au cours d'un voyage à cheval d'Italie en Angleterre, cet ouvrage jugé moins sérieux, cet *Encomion Moriae* (Éloge de la Folie) où il se moquait soudain des empereurs, des cardinaux et de tout le genre humain, donnant libre cours à sa fantaisie et remportant le plus grand triomphe de sa carrière dans un énorme éclat de rire. Erasme, c'est pour Rabelais un initiateur, au sang moins riche que le sien, mais d'une tenace liberté d'esprit.

Cette année 1532 n'en finit pas : voici ce fameux *Testament de Cuspidius* que Rabelais publie chez Gryphe à 2 000 exemplaires et qu'il dédie à Amaury Bouchard, présent *qui n'emplit pas la main*. Rabelais eut la bonne fortune de jouir toute sa vie de la gloire d'avoir découvert ce testament d'un Romain du temps de la République, testament *arraché par un bonheur particulier à la flamme, aux eaux et aux ravages du temps ;* car il fallut cinquante ans pour qu'on démontrât qu'il s'agissait d'un faux fabriqué par un autre humaniste et cher confrère.

Enfin, cette année capitale de 1532 ne s'achève pas sans que paraisse, d'un certain Alcofribas Nasier, un livre plus sérieux encore que *l'Éloge de la Folie* : *Les horribles et épouvantables faits et prouesses du très renommé Pantagruel, Roi des Dipsodes, fils du grand géant Gargantua.* Nous y reviendrons; mais du point de vue strictement biographique, il faut savoir que Rabelais vit désormais en compagnie de plusieurs géants qui lui ont poussé dans la tête. Ce qui est très important pour expliquer les comportements de notre auteur, lesquels ont pu paraître obscurs jusqu'ici à tous ceux qui ne s'étaient pas avisés des périls d'un compagnonnage si intime avec des héros si énormes. Dès la première page, il est visible que cet Alcofribas Nasier s'est tellement déguisé lui-même en géant qu'il ne s'y reconnaît plus très bien dans les dimensions exactes des hommes. Il n'est que de comparer la préface du futur *Gargantua* adressée aux *buveurs très illustres et vérolés très précieux*, avec celle qu'Erasme mit à sa « folâtrie » personnelle, dite *Éloge de la Folie*. « Je prie d'avance, écrit Erasme, ceux qui se scandaliseraient de la bassesse du sujet et de la plaisanterie avec laquelle je le traite de vouloir faire attention à une chose : c'est que je ne suis pas l'inventeur de cette manière d'écrire ; et que je n'ai fait qu'imiter en cela les plus anciens et les plus célèbres auteurs. Combien s'est-il écoulé de siècles depuis qu'Homère a écrit la guerre des grenouilles et des rats ? Virgile ne s'est-il pas exercé sur le moucheron ? Et Ovide sur la noix ? » Suivent une dizaine d'autres exemples et preuves. Alcofribas Nasier, lui, en vrai géant, commence par se comparer à Socrate pour conclure : *C'est pourquoi faut ouvrir le livre et soigneusement peser ce qui y est déduit. Lors connaîtrez que la drogue dedans contenue est bien d'autre valeur que ne promettait la boîte ; c'est dire que les matières ici traitées ne sont tant folâtres comme le titre au-dessus prétendait...*

Le *Pantagruel*, publié par Claude Nourry, dit le Prince, près Notre-Dame de Confort, fut mis en vente à la foire de Lyon le 3 novembre 1532. Il y fit autant d'impression que l'énorme pain symbolique, long d'un mètre, que Salvador Dali portait en arpentant le Nouveau Monde. Et par une heureuse fortune, les géants de Rabelais l'entraînèrent aussitôt dans leur errance fabuleuse, car si Geoffroy d'Estissac était à l'échelle de Grandgousier, Jean du Bellay était à l'échelle de Pantagruel, et très bien en cour auprès du grand roi François, qui venait de le charger d'obtenir du pape qu'il suspendît les effets de l'excommunication de Henri VIII d'Angleterre. Passant par Lyon, il emmena Rabelais avec lui, soi-disant pour soigner sa sciatique. Pendant ce temps, les *papelards, cafards et sorbonagres* condamnaient le *Pantagruel* pour obscénité, très fâcheux malentendu.

Jean du Bellay et son étrange médicastre féru de géants arrivèrent dans la Ville Éternelle en janvier 1534 et y demeurèrent jusqu'en avril. Quelle joie pour Rabelais de découvrir la *capitale du monde !* C'était ce qu'il avait souhaité le plus, dit-il, depuis qu'il avait eu *quelque sens des belles-lettres (litteræ politiores)*. Quant à l'ambassade, nous y assistons grâce à une lettre à Jean du Bellay ; la part de la courtisanerie étant faite, il reste que cette lettre pourrait être extraite du *Pantagruel*. Comme souvent chez les grands écrivains, l'univers littéraire tend à se confondre avec l'univers quotidien, les géants se mêlent aux hommes pour une géniale folie. Proust écrivait à sa concierge dans le style d'*A la recherche du temps perdu* et Rabelais à du Bellay en ces termes : *Quel plaisir nous pénétrait, de quelle joie nous étions envahis, quelle félicité nous sentions lorsque nous vous contemplions en train de parler, le Souverain Pontife Clément étonné, les cardinaux pleins d'admiration et tous applaudissant ! Quels aiguillons vous avez laissés dans l'esprit de ceux qui vous ont entendu avec délectation ! Quelle finesse dans les sentences, quelle majesté dans les réponses, quelle vigueur dans la réfutation, quelle liberté dans la parole ! Votre diction était si pure que dans le Latium vous sembliez seul à parler latin, si grave aussi qu'elle joignait la civilité et l'agrément à une singulière dignité. J'ai remarqué en vérité que tout ce qui se trouvait là de gens de goût fin vous appelaient la fleur choisie des Gaules, comme dit Ennius, et prétendaient que seul un évêque de Paris pouvait s'exprimer avec cette liberté.* Ah, la sincérité des écrivains ! Dans le portrait de cet ambassadeur des grâces françaises, il y a du Quichotte rêvant à ses enchanteurs et finissant par y croire. Du Bellay ? Pantagruel ? On ne sait plus. Mais, après ce beau portrait, cette phrase étrange : *Bien avant que nous fussions à Rome, je m'étais fait une idée, en mon esprit et intelligence de ces choses...* Il est important de sentir un écrivain chercher le mythe qui le portera à sa plus haute dimension ; enfin il s'en empare, le domine dans la joie, vit en lui, augmenté dans ses pouvoirs et son rayonnement par cette armure étrange de l'imaginaire qui lui donnera sa plénitude créatrice.

Dans la lettre à Jean du Bellay, Rabelais a trouvé toute son assurance mythique ; il témoigne d'une sincérité et d'une générosité dignes de Pantagruel, sans parler d'un savoir non moins universel que celui de son géant : *J'avais décidé de visiter d'abord les hommes doctes qui auraient quelque réputation dans les lieux où nous passerions, de conférer familièrement avec eux et de les entendre touchant quelques problèmes délicats qui, depuis longtemps, me tenaient dans l'inquiétude ; ensuite (ce qui touchait à mon art) de voir les plantes, les animaux et certaines drogues qui manquent en France, mais dont on disait qu'elles abondent là. Enfin, de tout peindre par ma plume, voire de dessiner au crayon, afin qu'il ne fût rien que, revenu chez moi, je ne pusse trouver tout soudain dans mes livres (...). Et quant au premier point je n'y réussis pas trop mal, quoique non de manière à combler mes vœux. Mais l'Italie n'a nulle plante,* nul animal que je n'eusse vu et noté auparavant. J'ai vu seulement un platane au lac de Diane Aricine. Pour le dernier point, je l'ai accompli avec tant de diligence que personne ne connaît mieux sa propre demeure, je pense, que je connais Rome et toutes les ruelles de Rome.

Nous voici informés de ce que Rabelais est venu faire à Rome, et le biographe est comblé ; mais il est évident que Pantagruel le hante, qui lui facilite cette familiarité avec telle dimension de lui-même. Et lorsqu'il apprend que le Milanais Marliani l'a devancé avec sa *Topographia Romae antiquæ*, c'est au Pantagruel spirituel qu'il obéit en se félicitant d'une mésaventure qui a mené d'autres savants à la tombe. Lui, *en éprouva une joie pareille à celle que fait éprouver Junon Lucine lorsqu'elle apparaît à celles qui accouchent difficilement. En effet, j'avais conçu le même enfant, mais je souffrais pour le mettre au monde jusqu'au plus profond de mon esprit.* Et il prend soin qu'aussitôt édité l'ouvrage soit envoyé à Lyon, *où est le siège de mes études*, pour le faire imprimer par Gryphe. Cette haute noblesse d'âme et ce ton assuré sont d'un homme nouveau : la *vita nuova* de qui a trouvé ses géants commence.

Rabelais ne reste pas longtemps à Lyon : la publication du *Gargantua*, où il raillait les théologiens de Sorbonne, coïncida malheureusement avec l'affaire des placards. Craignant d'être inquiété, Rabelais quitta son poste le 13 février 1535 pour se réfugier, croit-on, chez l'évêque de Maillezais. Au printemps, la persécution est calmée. Rabelais revient à Lyon pour rejoindre Jean du Bellay, nommé cardinal, et qui se rendait *ad limina*, selon l'usage. En même temps, François 1er le chargeait de s'opposer à telle clause de la bulle *qu'on forgeait contre le roy d'Angleterre pour l'excommunier, interdire et proscrire son royaume.*

Cette fois, Rabelais reste sept mois à Rome. Il écrit plusieurs lettres en français à Geoffroy d'Estissac. Pourquoi en français ? C'est qu'il s'agit de lettres familières, non de lettres imprimées en tête de savants ouvrages. Or ces lettres paraissent pâles et sans vigueur. Elles sont bien plus éloignées du style d'un grand écrivain que les lettres latines. On a prétendu que le français du *Pantagruel* et du *Gargantua* répondait au goût populaire, qu'il correspondait au style parlé. On s'aperçoit au contraire que c'est le style le plus élaboré, celui des lettres latines, qui, traduit, se rapproche le plus du français du *Gargantua*. Les lettres à Geoffroy d'Estissac ne manquent pas d'intérêt, pourtant. D'abord, elles nous laissent entendre que, malgré le revirement du roi, qui sévit contre les protestants après l'affaire des placards, Rabelais est resté « évangéliste ». Bien que le pape lui ait accordé l'absolution pour son apostasie - celle qui résultait du fait qu'il avait jeté le froc aux orties pour étudier la médecine -, Rabelais se plaint d'avoir à payer *les référendaire, procureur et autres tels barbouilleurs de parchemins.* Et encore avait-il été exonéré de la taxe !

Quant aux mœurs du pape, ce n'est pas sans une secrète complaisance que Rabelais répond aux demandes de renseignements de Geoffroy d'Estissac : *Monseigneur, vous demandez si le sieur Pierre Louis Farnèse est légitime fils ou bâtard du pape : sachez que le pape jamais ne fut marié, c'est-à-dire que le susdit est véritablement bâtard.* Et plus loin il s'étend : *Auquel temps entretint le pape une dame romaine de la case Ruffine de laquelle il eut une fille (...). Item eut un fils qui est ledit Pierre Louis, que demandiez, qui a épousé la fille du Comte de Servelle, dont il a tout plein foyer d'enfants, et entre autres le petit cardinalicule Farnèse.*

Enfin ces lettres nous plongent dans l'atmosphère des rapports d'argent entre Rabelais et ses protecteurs. Jean du Bellay fournissait le toit et le couvert. Mais *en ces petites barbouilleries de dépêches et louage de meubles de chambre et entretien d'habillements s'en va beaucoup d'argent, encore que je m'y gouverne tout chichement qu'il m'est possible.* C'est dire que les trente écus qu'il vient de recevoir de Geoffroy d'Estissac sont quasi venus à leur fin. Dans une autre lettre de 1547 à Jean du Bellay, Rabelais emploiera un ton beaucoup plus sec : *Certainement, Monseigneur, si vous n'avez de moi pitié, je ne sache que doive faire (...). Il n'est possible de vivre plus frugalement que je fais et ne me sauriez si peu donner de tant de biens que Dieu vous a mis en main que je n'eschappe en vivotant et m'entretenant honnestement...* Monseigneur d'Estissac semble n'avoir jamais été affecté du vice de prodigalité. Rabelais lui envoie des graines d'Italie par la valise diplomatique. Il lui propose également de lui envoyer *mille petites mirelifiques à bon marché qu'on apporte de Chypre, de Candie, de Constantinople* et n'oublie pas de faire remarquer : *Le port d'ici à Lyon n'en coûtera rien.* Enfin tel passage ne manque pas de sel, où Rabelais enseigne à son maître le bon effet que peut produire un écu : *Je serais d'opinion que la première fois que m'écrirez, meme si c'est affaire d'importance, que vous écriviez un mot au dit Parmentier, et dedans votre lettre mettre un écu pour lui, en considération des diligences qu'il fait de m'envoyer vos paquets et vous envoyer les miens. Peu de chose oblige quelquefois beaucoup les gens de bien et les rend plus fervents à l'avenir, quand le cas importerait urgente dépêche.*

On voit que Panurge a sa place aussi bien que le divin Pantagruel dans l'œuvre et l'âme de Rabelais. Mais Rabelais va tenter d'obtenir de Jean du Bellay un revenu fixe : le gentil cardinal fait entrer notre auteur parmi les moines de son abbaye bénédictine de Saint-Maur-les-Fossés, près de Paris. Depuis longtemps il s'efforçait d'obtenir du pape la sécularisation de cette abbaye et sa transformation en une collégiale de chanoines prébendés. Il obtient bientôt satisfaction, et voilà Rabelais renté. Mais la gent monastique était âpre au gain : la part allouée à chacun dépendait naturel-

lement de leur nombre et la venue de Rabelais diminuait un peu leur picotin à tous. Ils adressèrent une réclamation au pape. Et Rabelais, de son côté, une nouvelle supplique à Rome, pour faire confirmer son droit. Ces dossiers doivent dormir encore au Vatican. Et Rabelais recommence sa vie errante : il touche sa prébende sans assignation à résidence.

En 1537, il prend ses derniers grades à Montpellier, dissèque le cadavre d'un pendu, commente les *Pronostics* d'Hippocrate sur le texte grec. Son expérience du monde, son autorité, ses relations sont d'un médecin arrivé. Il assiste à l'entrevue d'Aigues-Mortes entre François Ier et Charles V et regagne Lyon avec la maison du roi. Il est mêlé de près aux relations diplomatiques avec le Vatican depuis de nombreuses années. En 1539, il retourne en Italie pour la troisième fois avec le seigneur de Laugey, Guillaume du Bellay, frère du cardinal, qui venait d'être nommé gouverneur du Piémont. Il fait peut-être venir à Turin son fils naturel, Théodule, qui mourut à deux ans. On a récemment retrouvé trace d'un autre fils de Rabelais. De hauts prélats romains s'intéressèrent à Théodule : puisque le pape avait des enfants naturels, y avait-il scandale à ce qu'un prêtre séculier en eût ? A Turin, Rabelais s'occupe de la bibliothèque de médecine, de lettres anciennes, de botanique. Et surtout il soigne Guillaume du Bellay, déjà malade.

A partir de là, nous entrons dans le mystère. Ce n'est pas que nous manquions de faits ; nous savons qu'en passant par Lyon, en 1541, au cours d'un voyage de Guillaume du Bellay en France, Rabelais donne une édition du *Pantagruel* et du *Gargantua* où il remplaçait *sorbonagre* ou *sorbonicole* par *sophiste* - ce qui n'empêcha pas la Sorbonne de renouveler la condamnation. Nous savons que Guillaume de Langey meurt le 9 janvier 1543, et Geoffroy d'Estissac la même année ; que Rabelais est nommé maître des requêtes en 1543, qu'il obtient un privilège pour la publication du *Tiers Livre* en 1545 en des termes particulièrement chaleureux et que le livre paraît en 1546 dédié à la reine Marguerite de Navarre, et enfin signé Rabelais. Il semble donc que, comblé de faveurs, il ne connaisse que le succès. Mais voici que le *Tiers Livre* est tout de même poursuivi et condamné. Rabelais doit se réfugier à Metz où il manque cruellement d'argent.

Metz est une ville d'Empire. Rabelais est nommé médecin de la ville. Il habite une maison appartenant à son ami Saint-Ayl. Mais après la mort de François Ier, il repart pour l'Italie avec du Bellay, nommé à la surintendance générale des affaires du royaume en Italie, et seul ministre du règne précédent maintenu par Henri II. En passant par Lyon, Rabelais remet à Pierre de Tours onze chapitres du *Quart Livre* qui paraissent en 1548. A Rome, il écrit et fait publier chez Gryphe la *Sciomachie*, compte rendu de la fête donnée en mars 1549 par du Bellay pour célébrer la naissance d'un fils du roi Louis, duc d'Orléans. De retour en France, il vit du revenu de ses deux cures, Saint-Martin-de-Meudon et Saint-Christophe-de-Jambet. En 1552 paraît la fin du *Quart Livre*, voyage d'îles en îles à la fois allégoriques et réelles. Le pape y est fort attaqué mais, à ce moment, le cardinal de Tournon arrange les choses entre le pape et le

roi. Aussitôt la Sorbonne sévit et Rabelais, dit-on, est jeté en prison. En 1553, il résigne ses deux cures et meurt à Paris très probablement au début d'avril.

Neuf ans plus tard paraissait sous son nom une suite au *Quart Livre, l'Isle sonante*, et, en 1564, l'édition complète d'un *Cinquième livre de Pantagruel*, comprenant les seize chapitres de *l'Isle sonante.*

Nous sommes en plein mystère quant à l'essentiel : pendant ce silence de treize ans, de 1533 à 1546, pouvons-nous deviner quel rôle l'œuvre a joué pour son auteur ? Nous le voyons se battre toute sa vie contre les condamnations de la Sorbonne, obtenir par deux fois des privilèges royaux pour son œuvre et s'en autoriser aussitôt pour les publier sous son vrai nom ; nous le voyons obligé de fuir à chaque condamnation, même du vivant de François Ier, et finalement mis en prison la seule fois où il ne s'est pas enfui. Ses prologues, mi-gais, mi-amers, montrent la souffrance d'un homme persécuté dans ses droits spirituels. Enfin cette mort obscure, ces besoins d'argent continuels chez un écrivain si mêlé aux grandes affaires de son temps et si proche du roi, tout cela reste énigmatique. Si l'on éloigne les solutions vulgaires et qui ne sont plus retenues par aucun exégète moderne, selon lesquelles Rabelais, buveur et ripailleur impénitent, aurait vécu au jour le jour dans la débauche, il faut bien essayer de reconstituer une biographie spirituelle, qui donnerait sa cohérence à cet étrange destin d'éternel persécuté. Ce qui est chaos et malheur au regard de tous doit trouver dans l'œuvre, sa logique, sa raison, sa victoire.

Nous avons vu le langage de Rabelais, dans ses lettres, se rapprocher de plus en plus de celui de son œuvre. En 1547, chose étrange, il n'y a plus de différence. Au maître Antoine Hullot il écrit : *Hé Pater Révérendissime, quomodo bruslis, quæ nova ? Parisis non sunt ova. Ces paroles, proposées devant vos révérences, translatées de patelinois en notre vulgaire orléanais, valent autant à dire comme si je disais :* « *Monsir, vous voyez le très bien revenu des noces, de la fête, de Paris ... . Or vous le ferez non quand il vous plaira, mais quand le vouloir vous y apportera de celui grand bon piteux Dieu, lequel ne créa oncques le carême, oui bien les salades, harengs, merluz, carpes, brochets, dors, ombles, ablettes, rippes, ...* C'est du pur Rabelais. Et c'est ce phénomène de possession spirituelle d'un écrivain par son univers propre qui peut nous éclairer sur la raison et déraison d'un destin.

51

Pantagruel.

M. D. XXXVII.

PANTAGRUEL
OU L'APPRENTISSAGE DE LA PAROLE

'il faut étudier d'abord le *Pantagruel*, qui figure après le *Gargantua* dans toutes les éditions, c'est parce que Rabelais l'écrivit en premier ; pour étudier la formation du génie rabelaisien, il faut adopter l'ordre chronologique.

« Le stupide dix-neuvième siècle » s'est posé à propos du *Pantagruel* deux questions « capitales » : Comment cet homme de grandes lettres grecques et latines a-t-il pu, à trente-huit ans, âge de l'honorabilité bien mûrie, se faire pitre sous l'anagramme du Maistre Alcofribas Nasier pour narrer les *faits et proesses espoventables de Pantagruel* ? A quelle catégorie de lecteurs destinait-il cette « littérature récréative » ?

Un tel point de vue suppose qu'un écrivain se demande d'abord à quel public il s'adressera en vue de le satisfaire pleinement. Or il est évident qu'un Rabelais ne se situe pas essentiellement dans des rapports de cet ordre avec son œuvre. Il arrive seulement que l'œuvre vous mette dans une situation embarrassante à l'égard de la société : d'où toutes sortes d'excuses et d'alibis. Nous avons vu qu'Erasme lui-même obéissait à des exigences profondes d'écrivain dans sa « folâtrie » à lui et que les excuses érudites qu'il se donne témoignent d'un souci d'honorabilité sociale qu'il faut distinguer du besoin d'écrire. Quant à se faire pitre, c'est aussi le besoin de Shakespeare et de Molière, à ce qu'il semble.

Pour expliquer comment Rabelais s'est fait « pitre », les biographes, se disant que l'occasion fait le larron, ont rapporté une anecdote bien utile à notre instruction : à Lyon, le docteur en médecine François Rabelais découvre les *Grandes et inestimables Cronicques du grand et énorme Géant Gargantua, dont il fut vendu plus d'exemplaires en deux mois qu'il ne sera acheté de bibles en neuf ans.* S'il écrivait lui-même un livre du même billon ? Car tel Panurge, il souffre constamment du manque d'argent. Ou mieux, s'il écrivait la vie du fils de Gargantua, du géant Pantagruel, comme on écrit aujourd'hui *Le Fils de Tarzan* ou *Don Camillo et ses ouailles* ? Rabelais serait donc comparable à un écrivain se lançant sous un pseudonyme dans la littérature alimentaire, le roman policier ou sentimental, aux fins précises d'améliorer son ordinaire. A cette différence près que les œuvres n'étaient pas, en ce temps-là, protégées comme elles le sont aujourd'hui, Rabelais pouvait écrire une suite aux *Grandes Cronicques* sans demander son accord à personne. Mais s'il a raisonné de la sorte au début, ce qui est probable, comment se fait-il qu'il ait écrit tout autre chose que les *Grandes Cronicques*, devenues illisibles ?

C'est que l'écrivain l'a emporté comme malgré lui : ainsi de Graham Greene écrivant un *thriller*, et autrefois de Balzac exploitant les ficelles du roman noir de son temps. Mais pour Rabelais, il faut se demander pourquoi il avait besoin d'un alibi qui a soudain permis à des possibilités immenses encore endormies d'exploser. Pourquoi ne s'est-il découvert qu'en se donnant d'abord le change ?

Et d'abord qu'étaient les *Cronicques* ? Elles racontaient l'histoire d'une famille de géants créée par la magie de l'enchanteur Merlin et mise par lui au service d'Arthur, roi de Grande-Bretagne, alors en guerre contre les Gos et les Magos. Il est hors de doute que Rabelais a emprunté force épisodes aux *Grandes Cronicques* dont le Gargantua cueille des prisonniers par centaines, « les serrant dans la fente de ses manches, dans sa gibecière, dans le fond de ses chausses, dans sa dent creuse ». Mais on a dit qu'en littérature le vol se justifie par l'assassinat, que « le lion est fait de mouton digéré ». Et il est vrai que les grands créateurs sont des grands emprunteurs. En fait de plagiat, les héros Merlin, Arthur, Morgane, Mélusine, appartiennent à la littérature des romans de chevalerie ; la légende de Gargantua était populaire depuis des siècles. Les *Grandes Cronicques* n'étaient que le dernier

Détail du frontispice des Grandes et Inestimables Cronicques, *publiées en 1532, qui donnèrent à Rabelais l'idée de son livre.*

en date des remaniements de cette vieille mythologie populaire. Mais la mythologie nous délivre de nos rêves : Rabelais, rêvant à lui-même, ne se sent tout à fait à son aise et enfin dans ses vraies dimensions que sous les traits d'un géant. Cette fiction est un masque admirable, elle sauvegarde la pudeur en permettant toutes les audaces. Il est probable que le génie de Rabelais s'est soudain déclenché en lisant cette œuvre qu'il transfigurait à la lecture, tant il la voyait dans des perspectives propres, la lisant entre les lignes, selon les dimensions créatrices d'une sorte d'autobiographie allusive. La joie, l'impression de délivrance qu'il en ressent s'expliquent donc par des raisons bien plus profondes que celles qu'il en donne.

Les *Grandes Cronicques* n'ont rien à voir avec l'apologie qu'il en fait ; mais leur mauvaise tenue l'inspirait davantage qu'un tel chef-d'œuvre étranger à ses exigences les plus secrètes. Comme Lamartine s'astreignait à lire de mauvais vers parce que cela lui en inspirait de bons, Rabelais est sensible aux dimensions mythologiques, elles le portent au faîte de son génie, elles l'inspirent — même si la mythologie est basse et exécrable comme dans les *Grandes Cronicques*.

Nous verrons en cours de route comment le *Pantagruel* devient autobiographique. Mais quant à comparer les deux ouvrages, voici un passage des *Grandes Cronicques* : « Ledict Merlin fist de *grandes* merveilles, lesquelles sont fortes à croire à ceux qui ne les ont vues. Merlin était du *grand* conseil du roy Arthur, et toutes les demandes qu'il faisait en la cour dudit Roy, lui étaient octroyées, fust pour lui ou pour les autres. Il guarentit le Roy et plusieurs de ses barons et gentilz hommes de *grans* perilz et dangiers. Il fist plusieurs *grans* merveilles entre lesquelle il fist une navire de cinq cents tonneaux qui allait vagant sur terre ainsi que vous en voyez sur mer. Et plusieurs autres merveilles qui sont trop prolixes à racompter comme vous verrez plus à blain. Après plusieurs merveilles faictes par Merlin... »

On voit que cela n'a aucun rapport avec Rabelais ; ce que Abel Lefranc, non toujours indifférent à l'art, reconnaît fort bien lorsqu'il écrit : « Dès que la voix fait entendre devant un auditoire, même peu préparé, un morceau du *Gargantua* ou du *Pantagruel*, dialogue, récit, discours, description, il s'opère instantanément — j'en ai fait l'expérience un nombre infini de fois — comme un enchantement, autant physique que moral. L'auditeur éprouve un effet de plénitude, d'équilibre, de ravissement, qui ne saurait mieux se comparer qu'à l'impression produite par la musique des maîtres ... De plus en plus, Rabelais nous apparaît comme un merveilleux poète, non pas seulement par l'invention, mais encore par le rythme. »

Il sera intéressant de montrer, de Livre en Livre, comment Rabelais se libère des *Cronicques*. Déjà, devant l'écriture, il est seul du premier coup ; ayant touché la langue française de sa baguette magique, il en fait surgir un univers propre, c'est-à-dire un style, quelque chose qui suggère, qui agit par-delà le conscient, en un mot une dimension mythologique de la parole. Les *Cronicques*, lui offrant le support d'un « scénario », ont réduit, au départ, cette solitude devant la mythologie particulière que doit créer un écrivain, et qui tient à son style : tous ces géants et leurs prodiges ont bien préparé l'explosion intérieure qui fera d'un humaniste respectueux, mais secrètement torrentiel, un géant du langage. Après tout, Swift est beaucoup plus acharné et scrupuleux à nous donner le change, consacrant des pages à bien nous mettre dans la tête la taille de ses héros ; Rabelais, lui, n'en aura bientôt plus besoin. On le verra alors, ô miracle, *oublier* tout simplement leur taille, comme on oublie un mauvais

alibi : ses héros reprendront une dimension normale à mesure que l'écrivain, de plus en plus assuré de sa *substantifique moëlle*, se sentira intérieurement tout à fait à son aise dans le cadre gigantal qui lui aura servi de tremplin. Sa démarche, alors, pulvérise littéralement le scénario. C'est cette démarche folle, fabuleuse, dont l'audace aujourd'hui encore atterre, comme la plus fascinante entreprise verbale que puisse tenter un écrivain ; c'est cette démarche que Joyce seul, de nos jours, a osé reprendre. Elle a fasciné Hugo et Balzac, Chateaubriand et Michelet, tous les grands connaisseurs, tous les parents profonds des dimensions immenses de l'écriture. Car un Balzac, un Chateaubriand, placés devant Rabelais, vont droit au comportement originel à partir duquel une telle folie créatrice s'ordonne, s'organise, se soumet à la logique. De géant à géant, ils mesurent ce qu'il faut de liberté, d'énergie, de délire et d'enracinement en soi-même pour mener à bien cinq livres à la fois réalistes et initiatiques. Il y a là une dépense de vitalité qui hantait l'auteur de *La Peau de chagrin*.

Dès la première page, Rabelais nous introduit dans un univers allusif où règne une connivence tacite avec quelque lecteur imaginaire d'intelligence très supérieure ; un lecteur aussi créateur que l'auteur, regardant, comme lui, par-delà le sujet et s'amusant à créer. L'auteur des *Grandes Cronicques* veut faire croire au lecteur ce qu'il dit, Rabelais, lui, répète qu'il faut croire ; il le dit et le redit sur tous les tons, de manière à nous suggérer justement tout le contraire. Il ne faudrait pas oublier que *Pantagruel* est un chef-d'œuvre d'humour, comme le *Quichotte* ou *Le Misanthrope*. Et si nous rions jaune parfois, c'est que le comique va loin.

Rabelais donc nous souhaite que *comme Sodome et Gomorrhe, puissiez tomber en soufre, en feu et en abîme en cas que vous ne croyez fermement tout ce que je vous raconterai en cette présente chronique.* Mais le lecteur est convié au jeu de cette fulmination excessive, il doit devenir spectateur du comique de croire. Car le créateur ne croit pas : il crée, ce qui suppose une distance qui abolit la foi. Créer, n'est-ce pas substituer un ordre personnel à la croyance ? Rabelais nous convie au spectacle du monde qu'il porte en lui, à la gratuité de toute création, et à l'ivresse de cette gratuité qui vous transporte et vous donne les joies mêmes de la foi. L'auteur des *Grandes Cronicques* n'est pas créateur, parce qu'il n'est pas ce profond spectateur que son regard rachète. Cela dit, le

Pantagruel est très conforme au plan général des *Grandes Cronicques*. Dans la plupart des romans de chevalerie, après la naissance du héros accompagnée d'une généalogie remontant à Abel, venaient les *Enfances*, l'éducation, les prouesses. Le nom même de Pantagruel, et sa faculté de provoquer une soif inextinguible chez ceux qui l'approchaient, remonte à un mystère, les *Actes des Apôtres* de Simon Gréban : *Pantagruel* est un petit diable parcourant les régions marines pour y puiser le sel qu'il jetait la nuit dans la gorge des ivrognes. Rabelais nous montre souvent son héros exerçant cet étrange pouvoir, mais il lui accorde un sens spirituel. Ainsi, à Orléans, Pantagruel fut prié par les habitants de placer dans le clocher une énorme cloche qu'on ne savait comment remuer. Ce fut un jeu pour le jeune géant que d'aller par les rues agitant cette cloche comme une sonnette. Mais le fracas fait *poulser* et gâter le vin dans les caves, si bien que les habitants se sentent altérés et *crachent blanc comme coton de Malte*. Or Rabelais haïssait les cloches : elles avaient gouverné sa vie en l'obligeant à se lever au milieu de la nuit, et troublé ses lectures grecques, elles symbolisaient *les temps ténébreux et sentant l'infélicité des Goths, qui avaient mis à destruction toute bonne littérature*. La « poésie des cloches » est une invention des préromantiques.

Dès la généalogie de rigueur, Rabelais introduit le burlesque dans le style biblique, ce qui constituait une nouveauté littéraire. Quant au réalisme qui commence à se faire jour, il est malicieux et conduit presque toujours à quelque symbole. Aussi, ayant décrit une grande sécheresse avec force détails réalistes, il note que *par le conseil de messieurs les cardinaux et du Saint-Père, il fut interdit de tremper deux fois les doigts dans les bénitiers, tant l'eau était rare*. De même, Pantagruel est si vigoureux qu'on le met dans les chaînes au berceau. Le héros parvient tout de même à se mettre debout. Finalement les médecins déconseillent les chaînes, disant que *si on le serrait ainsi au berceau, il serait toute sa vie sujet à la gravelle*. (La gravelle passait pour provoquée par l'échauffement des reins.) Presque toujours les éléments les plus populaires de la légende sont relevés par quelque malice non sans portée.

Mais très vite Rabelais se dégage d'une manière nouvelle de son modèle : voici que Pantagruel fait le tour des universités de France. Quittant Poitiers, où se rend-il ? A Ligugé où il visite le *noble Ardillon*, à Maillezais où il salue le *docte*

Tiraquau ; nous sommes en pleine autobiographie. Notre Rabelais s'est enfin assimilé à son géant, moment capital dans sa création, où, tel Pantagruel, il pulvérise son berceau d'un coup de poing rageur. L'autobiographie transposée et fantastique des grands romanciers va faire de son livre cette chose étrange et immense qui nous mène où elle veut, qu'on ne peut ramener à rien, et qui semble écrite d'une seule coulée, si sûre que rien ne peut en rompre le propos. Suivons notre auteur, non pas dans ses moindres détours, nous n'en avons pas le loisir, mais dans les étapes essentielles de son apprentissage.

La tournée des universités permet à Rabelais d'en faire la critique : Pantagruel ne reste pas à Toulouse, parce qu'en son université, on apprend à danser, à jouer de l'épée à deux mains et à brûler tout vifs les régents. A Montpellier, bon vin et joyeuse compagnie, mais *les médecins sentaient les clistères comme vieux diables*, et quant à étudier les lois, *n'étaient que trois teigneux et un pelé de légistes audict lieu* ; alors, se rendit en Avignon, *où il ne fut trois jours qu'il ne devînt amoureux : car les femmes y jouent volontiers de serrecroupière, parce que c'est terre papale.* D'Angers la peste le chasse : elle décima en effet cette ville en 1530, puis en 1532. A Bourges, il étudie les lois, occasion de colère pour notre géant : car les Pandectes étaient gâtées par la glose d'Accurse, *tant sale, tant infâme, tant punaise que ce n'est qu'ordure et vilenie.*

Voici donc notre humaniste, notre éternel étudiant, loin du fantastique populaire, installé par délégation gigantale en pleine réalité, tant géographique qu'humaine. Mais pour trouver toute sa liberté d'allure, il reste à Rabelais un problème capital à résoudre : celui du langage. La réalité, elle, est si acquise déjà que c'est dans le cadre d'une véritable scène de comédie — rencontre d'un personnage, dialogue, moralité — que cette question va être traitée.

Donc *quelque jour, je ne sais quand, Pantagruel se promenait après souper avec ses compagnons par la porte dont l'on va à Paris. Là, rencontre un écolier tout jolliet... Pantagruel lui ayant demandé : - Mon ami, d'où viens-tu à ceste heure ?, l'écolier lui répond : - De l'alme, inclyte et célèbre académie que l'on vocite Lutèce.*

Et, à une autre question, l'écolier répond encore :

- Nous transfrétons la Séquane au dilicule et crépuscule ; nous déambulons par les compites et les quadrivies de l'urbe...

De professeur à écolier (gravure sur bois du XVIᵉ)

Cet épisode est l'un des plus célèbres du Pantagruel. Il montre assez que Rabelais se pose, en écrivain, une question capitale de langage, sans se préoccuper de *satisfaire son public populaire ;* car il est évident qu'une telle plaisanterie n'a de sel que pour qui entend le latin. Les humanistes pouvaient être tentés de latiniser le français parce que la langue n'était pas formée : il fallait l'enrichir, en fixer les tours. On imagine mal combien il était difficile de parler de certaines choses en français. Des centaines de termes philosophiques et scientifiques manquaient, qui existaient en grec et en latin. Mais, d'autre part, un latin épouvantable s'était introduit en France à l'usage des professeurs, des ecclésiastiques, des étudiants, et qui enlevait à cette langue, avec sa pureté, son caractère même de langue internationale. On écrivait : « Capis me pro alio » (tu me prends pour un autre) ; ou bien : « Parvus garsonus bavat super sese » ; ou encore : « Ego bibi unum magnum vitrum totum plenum de vino ». Et que pensait le lecteur allemand de « Faciam te quinaudum ? »

Les humanistes, si préoccupés de la pureté des langues, voulaient qu'on revînt au latin de Cicéron : il ne fallait pas franciser le latin, quant à latiniser le français, il le fallait dans une certaine mesure si l'on voulait rendre cette langue plus apte à tout exprimer. C'est pourquoi la langue de Rabelais lui-même est pleine de latinismes admissibles, et qui sont restés, tandis que, prenant l'écolier à la gorge, il lui dit :

- *Tu écorches le latin ; par saint Jean, je te ferai écorcher le renard, car te écorcherai tout vif.*
L'écolier, alors, s'écrie en limousin :
- *Vée dicou gentilastre ! Ho ! Saint Marsault adjouda my !*
A quoi Pantagruel répond :
- *A cette heure parles-tu naturellement ?*

Parler naturellement, c'est en effet le prodige de Rabelais : mais c'est un naturel qui multiplie les pouvoirs de la langue, un naturel enrichi de latin efficace, et qui ne trahit pas le génie propre du français. C'est exactement ce qu'avaient fait les Romains en enrichissant leur langue de tant d'emprunts au grec.

Il ne faut pas oublier que nos humanistes avaient constamment sous les yeux le spectacle d'une langue, le latin, dont ils pouvaient embrasser du regard tout le développement, des balbutiements à la décadence, en passant par la maturité. Spectacle fondamental pour un écrivain que celui d'une histoire achevée de l'écriture, qui lui permet d'observer les problèmes du langage tels qu'ils se sont posés dans toute une civilisation. C'est pourquoi nos humanistes se sont placés au cœur des problèmes d'écriture : dans ce tohu-bohu de la Renaissance où tant de fautes pouvaient être commises, Rabelais voit que chaque langue doit rester indigène tout en sachant s'enrichir.

Dès le chapitre suivant, Rabelais, dans une énumération burlesque des livres de la bibliothèque de Saint-Victor, se moque des savants qui entassent des traités sur des riens. Nous le voyons créer des mots savoureux, suggérant le sens par la matière verbale elle-même. Ainsi les *Hanicrochements des confesseurs,* la *Croquignole des Curés,* la *Profiterolle des Indulgences,* le *Ravasseur des Cas de Conscience* etc, etc... On s'est beaucoup moqué de ces énumérations interminables : on ne peut pourtant les parcourir sans entrer dans la joie. De plus en plus, on voit que le monde enfanté par Rabelais, c'est d'abord un langage. Là est le champ de son exploration d'écrivain, sa charge la plus lourde et la plus exaltante. Il est significatif que cette débauche verbale de cent trente huit titres fantaisistes suive la rude leçon donnée à l'écolier limousin : il s'agit de montrer que la liberté du langage est du côté de la création, non de la latinisation scolaire.

Aussitôt après cette conquête, le ton s'élève pour un de ces lyrismes discrets qui emportent un auteur : c'est la lettre de Gargantua à son fils Pantagruel, sorte de credo du parfait humaniste, s'appuyant sur la plus stricte théologie de saint Thomas et de saint Bonaventure. Gargantua se réjouit d'avoir un fils, l'exhorte à se soucier de son âme et à s'adonner aux études. Car *maintenant toutes disciplines sont restituées, les langues instaurées, grecque, sans laquelle c'est honte que une personne se die savant, hébraïque, caldaïque, latine.* On a voulu voir une rupture de ton entre ce texte admirable et le reste de l'ouvrage. Il n'en est rien si l'on saisit bien à partir de quel centre cette œuvre croît et se ramifie, chaque dimension du style de l'écrivain trouvant sa place exacte dans un développement nécessaire de son génie, Rabelais a d'abord pris possession des *Grandes Cronicques.* Puis, tel Stendhal s'incarnant en Julien Sorel, ou Balzac en Vautrin, il est devenu ce Pantagruel dans la joie d'un lyrisme profond et secret : alors, il s'en proclame le père, par une lettre à son fils. Voici la paternité spirituelle endossée, et aussitôt de nouvelles avenues du langage vont s'ouvrir : Panurge se présente dans toutes les langues de la terre avant de se présenter en français. Pantagruel qui vient de corriger l'écolier limousin, n'en veut nullement à Panurge de cet étalage de savoir, car le nouveau *compiagnon* ne triche pas avec les langues. Mais voici plus singulier encore : *Comment Pantagruel équitablement jugea d'une controverse merveilleusement obscure et difficile, si justement que son jugement fut dit fort admirable.* Il s'agit d'un différend entre les seigneurs de Baisecul et Humevesne. Le premier plaide sa cause : *Mais à propos, passait entre les deux tropicques, six blans vers le zénith et maille par autant que les monts Rhiphées...* Le seigneur de Humevesne plaide à son tour de façon incompréhensible. Et Pantagruel rend le jugement : *Que considéré l'orripilation de la ratepenade déclinant bravement du solstice estival pour mugueter les billevesées...* La sentence, aussi obscure que la cause, soulève l'enthousiasme des juges : et, comme toujours, la satire rabelaisienne dédaigne de s'expliquer. Elle assène ses coups et passe outre. Mais il est frappant que dans ces discours extraordinaires, qui constituent la première tentative d'écriture automatique, le rythme des phrases est parfaitement respecté ; le choix du vocabulaire, des sentences, suggère exactement le caractère des plaideurs et leur allure générale. Le langage devient un moyen d'expression indépendant du sens, en ce qu'il suggère un certain comportement fondamental des êtres. Les philosophes existentiels du langage ne redécouvriront pas autre chose ; et le *Finnegan's Wake* de Joyce s'exténuera à explorer cette dimension secrète et fondamentale de la parole. Mais que peut-on explorer encore pardelà ? Le silence lui-même ? Et c'est l'épisode très curieux du *grand clerc de Angleterre* qui *arguait par signes* et qui fut vaincu par Panurge. Si l'on suit le développement d'une sorte de problématique de l'écriture dans le *Pantagruel*, le sens de ce texte s'éclaire, Panurge dit à l'Anglais : *Seigneur es-tu ici venu pour disputer contentieusement de ces propositions que tu as mis, ou bien pour apprendre et savoir la vérité ?* Et l'Anglais répond qu'il ne veut pas *disputer par contention. Aussi est-ce chose trop vile et le laisse à ces moraulx sophistes, lesquels en leurs disputations ne cherchent vérité, mais contradiction et débat.*

Mais, pour qui cherche vérité, l'homme sait si peu de chose que quelques cris et gestes y suffisent. Ce que Panurge explique par gestes est relatif à la nourriture et au sexe : L'amour et la faim mènent le monde. Rabelais ne se fait pas d'illusions sur les pouvoirs de la parole pour atteindre la vérité : la parole est un jeu fabuleux, une comédie aux cent actes divers, et le maître ès langages sait varier ses tours à l'infini, mais son art n'a d'autre origine que le geste et le cri. Idée bien moderne, déjà anthropologique, sorte de regard sur la nuit originelle d'un génie qui, tout au fond de soi, se « collette avec le néant ». Quant au « tour nouveau » présenté au lecteur dans ce chapitre, c'est le jeu d'une précision extraordinaire du langage contrastant avec les vérités élémentaires balbutiées : *Panurge soudain leva en l'air la main dextre, puis d'icelle mit le pouce dedans la narine d'icelui cousté, tenant les quatre doigts étendus et serrés par leur ordre en ligne parallèle à la base du nez, fermant l'œil gauche entièrement et guignant*

du dextre avec profonde dépression de la sourcile et paupière,
puis la gauche leva haut, avec fort serrement et extension des
quatre doigts et élévation du pouce... Des mouvements de
gymnastique ne seraient pas plus clairs et plus précis.

A partir de là Rabelais, fatigué, et comme pour se reposer
de sa création, revient subitement à la veine populaire des
Grandes Cronicques. Le royaume d'Utopie, sur lequel règne
son père Gargantua, est envahi par les Dipsodes : ceux-ci,
sous la conduite du roi Anarche, assiègent déjà la capitale
des Amaurotes. Où se trouve la Dipsodie ? En Afrique du
Sud. C'est un incroyable voyage de s'y rendre. Rabelais ne
sait pas encore situer ses guerres en pays chinonais — mais
son réalisme va s'approfondir. Quant au nom savant d'Utopie,
il est emprunté à Thomas Morus, ami d'Erasme, conseiller
du roi Henri VIII, dans l'*Utopie* duquel régnait un socialisme
paradisiaque — mais l'adultère y était puni de mort. Il est
vrai que les fiancés pouvaient se contempler sans voile avant
le mariage, sous la surveillance d'une matrone et d'un pa-
triarche, ce qui était sensé leur permettre un choix en pleine
connaissance de cause. L'Utopie de Rabelais n'est qu'un
hommage, en passant, au grand humaniste anglais, car Pantagruel n'est pas un géant socialiste. Redevenu immense tout
subitement, il va se battre contre le Capitaine Loup Garou
dont la massue pesait neuf mille sept cents quintaux environ.
Si aliquando dormitat Homerus, si de temps en temps le génie
s'assoupit, Rabelais le reconnaît : *la tête me fait un peu mal*
et sens bien que les registres de mon cerveau sont quelque peu
brouillés de cette purée de septembre. Mais il y a encore de belles
pages : cette guerre des Amaurotes est racontée comme si
vous y étiez. D'autre part, quelques épisodes sont importants
pour notre compréhension de la création rabelaisienne. Ainsi
Pantagruel renvoie un prisonnier sans demander de rançon
car *sa fin n'est pas de piller ni rançonner les humains, mais de*
les enrichir et réformer en liberté totale. Nous verrons se
développer ce lyrisme discret, secret, lié à une élévation de
l'âme. De même, avant le combat, Pantagruel adresse à Dieu
une très belle et humble prière où se montrent son culte pour
les Évangiles et son dégoût pour les *papelars* et faux prophètes
qui ont, *par constitutions humaines et inventions dépravées*
envenimé tout le monde. Il promet, en cas de victoire, de *faire*
prêcher le Saint Évangile purement, simplement et entièrement.
Dans une conclusion ajoutée en 1546 au *Pantagruel,* Rabelais
insiste avec un surcroît de violence, s'en prenant à *un grand*

tas de sarrabovittes, cagots, escargots, hypocrites, cafards, frap-parts, botineurs et autres sorbonicoles *articulant, monorticulant, torticulant, culletant, couilletant, diabliculant, c'est-à-dire calum-niant.* Ce genre de création verbale n'était donc pas encore dans ses possibilités en 1532.

Notons encore deux épisodes importants : la résurrection d'Epistémon par un *onguent ressuscitatif* administré par Panurge. Le malheureux avait eu la tête coupée dans la bataille. On a eu tort d'y voir une moquerie à l'égard du Christ qui ressuscita Lazare : ce genre de récit témoignait d'une familiarité avec les miracles et d'une solidité de la foi que nous avons perdues. Epistémon ressuscité, encore un peu enroué, se met à parler : il avait vu les diables et causé familièrement avec Lucifer. Il avait vu Alexandre le Grand rapetasser de vieilles chausses et Xerxès crier la moutarde. Tout cela n'est pas pris dans les *Grandes Cronicques*, mais dans Lucien de Samo-sate, cet écrivain rapide, économe « poli comme l'ongle » et que Rabelais aimait tant : mais, lui, y va par *pleines panerées*. A lui la joie sonore, les entassements de mots, la force qui s'ignore. Il prend de toutes mains et transforme tout ce qu'il touche.

On voit donc Rabelais, dans ce premier Livre, utiliser ses connaissances encyclopédiques tout en respectant, en gros, la trame des *Grandes Cronicques* ; résoudre des questions fon-damentales de langage, explorer l'univers des mots, se servir de leur matière même, découvrir le réalisme, l'humour, la comédie, mêler une spiritualité réformiste à une morale épi-curienne, s'empêtrer encore dans un fantastique de bas étage mais déléguer déjà à l'univers gigantal ses plus hautes ambitions créatrices et sa mythologie propre de grand écrivain. Dans le *Gargantua*, nous verrons comment s'est poursuivi cet apprentissage d'un géant.

Gargantua.

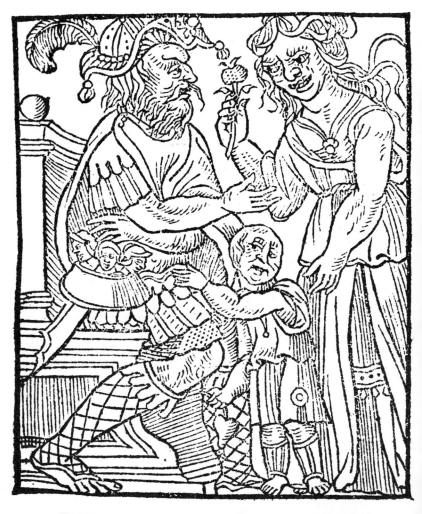

M. D. XXXVII.

ette fois, le *Prologue de l'auteur* est d'un écrivain qui, ayant fait ses preuves, laisse éclater sa joie, son légitime orgueil, se comparant rien moins qu'à Socrate, *toujours dissimulant son divin savoir*. Le lecteur doit *soigneusement peser* le contenu de son livre. *Lors connaîtrez que la drogue dedans contenue est bien d'autre valeur que ne promettait la boîte, c'est dire que les matières ici traitées ne sont tant folâtres comme le titre au-dessus prétendait*. Il faut y trouver *doctrine plus profonde*. Fort bien, mais n'allez pas croire, nous dit Rabelais, qu'un écrivain crée à partir des leçons — on dit aujourd'hui du message — qu'on tire ensuite de son œuvre. Si vous le croyez, *vous n'approchez ni des pieds ni des mains de mon opinion*, dit-il ; Homère, écrivant *l'Iliade* et *l'Odyssée*, ne pensait point ès allégories. Il est parfaitement ridicule de chercher les sacrements de l'Évangile dans les *Métamorphoses* d'Ovide comme fit Frère Lubin, *vrai croque-lardon*. Le génie crée en se jouant, et Rabelais s'en vante un peu trop, qui prétend n'avoir employé à la composition de ce livre seigneurial que le temps qu'il buvait et mangeait.

On sait que ce prologue a fait couler beaucoup d'encre : les uns ont cru comprendre que Rabelais se moquait du lecteur sérieux et que son œuvre n'était que folâtries ; les autres, refusant de le suivre dans ce qu'ils prenaient pour un excès de modestie, se sont penchés avec d'autant plus d'entrain

Frontispice du Gargantua *représentant Grandgousier et Gargamelle autour de leur jeune fils.*

sur ce « gouffre de l'esprit ». Or l'orgueil éclatant de Rabelais, cet orgueil joyeux des grands créateurs, à quoi se rapporte-t-il, de quelle victoire porte-t-il témoignage ? Rabelais a peut-être usé de son génie pour devenir un grand écrivain — c'est un aspect de la question que l'on n'a pas trop l'habitude d'étudier. Mais puisque son prologue est visiblement un cri de triomphe, disons-nous qu'il ne concerne sûrement pas un économiste ou un philosophe. Consentons à suivre un auteur sur son champ de bataille à lui, au lieu de le rabaisser au nôtre pour lui contester des victoires qu'il n'a pas prétendu remporter, parce qu'elles n'étaient pas de son ordre : un écrivain est grand « dans son ordre », comme disait Pascal.

Ayant trouvé son style, Rabelais peut se permettre dans le *Gargantua* d'être réaliste. Rien n'est plus instructif à observer : il se passe maintenant avec Rabelais ce qui se passe pour Shakespeare ou Balzac, dont la vision transfigurante est d'une telle puissance qu'ils n'ont plus besoin de l'irréel : le réel devient balzacien ou shakespearien comme à plaisir.

Maître François, encouragé par le succès du *Pantagruel,* décide donc d'exploiter jusqu'à la racine les *Grandes Cronicques* en écrivant à son tour la vie de Gargantua : bref, il va faire à son tour un *Tarzan* ou un *Tintin* entièrement de sa façon.

Mais, d'abord, jetons un regard rapide sur ce singulier chapitre de la symbolique des couleurs : le blanc signifierait *joie, plaisir, délices et réjouissances,* et le bleu *choses célestes.* Or dans la symbolique traditionnelle de l'Église, le blanc signifie foi et le bleu fermeté. Rabelais s'en prend à l'outrecuidance et *besterie* d'un auteur qui a *osé prescrire de son autorité privée quelles choses seraient dénotées par les couleurs.* Qui vous dit que le blanc signifie foi et le bleu fermeté ? Rabelais prétend fonder *à bon droit et juste titre* la symbolique des couleurs à partir de la manière dont l'homme est affecté par le jour et la nuit. Depuis lors, les psychologies de l'inconscient ont démontré que les comportements humains sont symboliques. Bien plus, en s'efforçant de fonder une symbolique universelle sur des bases existentielles et non à partir d'un ésotérisme, Rabelais se trouve encore à la pointe des sciences modernes de l'inconscient. Mais méfions-nous du terme de précurseur : Maître François use de preuves à la fois dialectiques et historiques qui n'ont rien à voir avec les méthodes d'aujourd'hui dans ce domaine. Par contre il faut noter combien ces symboles sont importants pour lui, parce qu'il les relie déjà à la réalité vécue. Il en parle d'ailleurs avec passion, entrant *plus avant en cette matière que établissait au commencement.* C'est que le réalisme rabelaisien et sa symbolique strictement psychologique s'efforcent de saisir le spirituel en pleine pâte, si je puis dire, et c'est une des dimensions fondamentales de l'œuvre. Les symboles, Rabelais les cherche, les trouve partout. La sagesse populaire est pillée au besoin : Gargantua enfant se *vautrait par les fanges, se mascarait le nez, se chauffourait le visage...,* mais aussi *se couvrait d'un sac mouillé, se cachait en l'eau pour la pluie, battait à froid, songeait creux, faisait le sucré, écorchait le renard, disait la patenôtre du singe...* Pour précepteur de son fils, Grandgousier choisit Maître Thubal Holopherne, qui ne tarda pas à rendre l'âme, après avoir enseigné l'a. b. c. à son élève ; un *vieux tousseux*, maître Jobelin Bridé, lui succéda. Plus l'enfant étudiait, plus il devenait *niais, rêveur et assoté.* Son père s'en plaignit à son ami le vice-roi de Papeligosse, qui lui déclara qu'un tel enseignement *abâtardissait les bons et nobles esprits, corrompant toute fleur de jeunesse.* Et de lui présenter Eudémon, un jeune enfant élevé par les humanistes. Cet Eudémon fit un excellent discours en langage latin très orné, et Gargantua, pour toute réponse, se prit à pleurer *comme une vache* et se cacha le visage dans son bonnet. Grandgousier, furieux, ordonna qu'on payât ses gages au vieux tousseux, qu'on le fît chopiner théologalement et qu'on l'envoyât à tous les diables. Ce fut à Ponocrates, précepteur d'Eudémon, que fut confiée l'éducation du prince. Tous trois partirent donc pour Paris afin de profiter des avantages qu'on y trouve pour l'étude.

Pendant le voyage, Gargantua redevient un géant : la queue de sa jument abat une forêt. A Paris, il enlève les cloches de Notre-Dame pour en faire des clochettes au cou de sa jument. Ah, les cloches sont à ranger parmi les obsessions de Maître François ! Les Parisiens décident d'envoyer le plus vénéré maître de la Faculté, Janotus de Bragmardo, pour les réclamer. Gargantua les rend sans en avertir Janotus qui fait un discours ridicule et inutile. Contrairement à ce que nous avons vu dans le *Pantagruel*, où Rabelais décrit en quelques traits les principales universités de France, nous entrons maintenant dans la satire de la vie universitaire. L'auteur, déjà échaudé par la Sorbonne, se venge en ridiculisant les vieux tousseux de la scolastique. Janotus mêle à son discours des passages d'affreux latin, de ce latin qui faisait dresser les cheveux sur la tête à tous les humanistes. *Ego occidi unum porcum et ego bibet bon vino. Or sus, de parte Dei, date nobis clochas nostras...*

Ponocrates, éducateur ultra-moderne, commence par effacer de la mémoire de son élève tout ce que les vieux tousseux y avaient engrangé : il y suffit d'un peu d'ellébore. Puis il inaugure un emploi rationnel du temps. Lever à quatre heures du matin ; frictions pendant lesquelles l'enfant écoute un passage de l'Écriture Sainte ; toilette très utile pour écouter les explications du précepteur concernant les points obscurs de ladite Écriture Sainte ; examen de l'état du ciel, de la position du soleil et de la lune, récapitulation des leçons de la veille, avec déductions des conséquences pratiques ; rien de tel pendant qu'on vous peigne, vous accoutre, vous parfume ; lectures pendant trois heures, puis jeu de paume jusqu'à transpiration. Pendant l'essuyage de la transpiration, récitation de la leçon du jour. Repas agrémenté de la lecture d'un roman de chevalerie ; discussion sur les propriétés et vertus de ce qui était servi, du pain, du vin, de l'eau, du sel, des viandes, poissons, fruits, herbes, racines et, à ce sujet, Pline, Aristote étaient mis bien fort à contribution. Après le repas, dessins de figures géométriques et astronomiques avec des cartes à jouer, chants, exercices au luth, à l'épinette, à la harpe, à la flûte, à la viole, au trombone ; puis trois heures de lecture et d'écriture en caractères italiques, mis à l'honneur par Alde Manuce, le gothique étant laissé aux sorbonicoles et scolastiques. Enfin Gargantua prend des leçons d'équitation, car il est redevenu un prince de proportions honnêtes et qui s'assied au banc des écoliers. Mais ne croyez pas que sa journée déjà tire à sa fin : voici qu'il se livre aux exercices nécessaires à la guerre — chasse, nage, exercice des poumons à crier comme tous les diables. Nous voici seulement à souper, accompagné de propos savants et utiles, suivi d'exercices de musique, de jeu aux gobelets ou de visite à quelque savant ou voyageur. La nuit venue, il faut observer la position des astres, récapituler tout ce qu'on a fait dans la journée ; et l'on ne se met pas au lit avant de s'être recommandé à Dieu. Quand il pleut, le programme n'est pas moins varié, mais il faut abréger. Ce système d'éducation a été tour à tour vilipendé et porté aux nues : on a dit que Rabelais avait entrevu « presque tout ce qu'il y a de sensé et d'utile dans les ouvrages des philosophes modernes, entre autres de Locke et de Rousseau ». On sait que Montaigne, de son côté, préférait une tête bien faite à une tête bien pleine.

Les couleurs et livrées de Gargantua
Bois gravé des premières éditions
de Gargantua.

Comment Gargantua
fut mis sous autres pédagogues.

Comment Gargantua fut envoyé à
Paris et de l'énorme jument qui le
porta et comment elle défit les mou-
ches bovines de la Beauce.

*Comment Gargantua fut institué p[ar]
Ponocrates en telle discipline qu[e il]
ne perdait heure du jour.*

*Comment certains gouverneurs [de]
Picrochole, par conseil précipité, [le]
mirent au dernier péril.*

*Comment Picrochole fuyant fut s[ur]
pris par de males fortunnes et [ce]
que fait Gargantua après la bata[ille.]*

Ce débat pédagogique ne saurait être tranché. Notons seulement que Ponocrates se met au niveau de son élève : il le met en rapport avec les choses et, pour l'élever, il commence par se faire jeune et ignorant. Tout cela est assez moderne – le reste est à attribuer à la boulimie intellectuelle des humanistes et à l'appétit gargantuesque.

Mais pendant ce temps éclatait à Chinon l'affaire des fouaces : elle a fait le tour du monde, elle est devenue légendaire. Il importe donc de la restituer dans sa vérité première. Voici donc très exactement ce qui s'est passé. A la saison des vendanges, des gens de Lerné conduisaient un jour à Chinon des charrettes de fouaces. Ce sont des galettes très appréciées des Tourangeaux et des Poitevins. Les bergers de Grandgousier, qui gardaient leurs vignes, demandèrent qu'on leur en vendît. Les fouaciers, pour toute réponse, les appelèrent rustres, brèches-dents et malotrus. Alors, le dénommé Forgier, leur ayant reproché leurs façons, le fouacier Marquet lui dit : — Viens ça, je te donnerai de ma fouace.

Forgier le crut. Il s'approcha et tendit une pièce d'argent. Mais Marquet lui donna du fouet dans les jambes. Alors Forgier lança son bâton à la tête de Marquet qui tomba sous sa jument. Des métayers de Grandgousier qui gaulaient des noix près de là accoururent et frappèrent sur les fouaciers comme sur du seigle vert. Les fouaciers voulurent s'enfuir, mais, arrêtés, ils durent vendre quatre ou cinq douzaines de fouaces qui furent payées au prix accoutumé.

Alors les fouaciers se plaignirent à leur roi Picrochole qui, sans prendre le temps de la réflexion, alluma une guerre épouvantable, ravageant les terres de Grandgousier ; il vint même piller l'abbaye de Seuillé, où Rabelais lui-même avait été envoyé vers l'âge de neuf ou dix ans. Les moines décidèrent de détourner la fureur de l'armée picrocholine par une superbe procession. Seul Frère Jean des Entommeures se rendit compte de ce qui se passe et vit les ennemis occupés à vendanger le clos. Il court au chœur où les moines chantaient : *C'est bien chanté, vertu Dieu, s'écrie-t-il. Que ne chantez-vous : Adieu paniers ! Vendanges sont faites.* Le prieur s'indigne de voir troubler le service divin. *Mais le service du vin...* réplique Frère Jean.

Ce disant, il empoigne le bâton de la croix et fonce sur les ennemis qu'il découd au nombre de treize mille six cent vingt-deux, sans compter les femmes et les petits enfants. Quant à la précision anatomique de ce carnage, elle tient d'Homère : *Aux uns écrabouillait la cervelle, aux autres rompait bras et jambes, aux autres délogeait les spondyles du cou, aux autres disloquait les reins, avallait (faisait descendre) le nez, pochait les yeux, fendait les mandibules, enfonçait les dents en la gueule...* Bref, *c'était le plus horrible spectacle qu'on vit oncques.* Rabelais en profite pour faire d'énormes vendanges de mots, tous si exacts et vivants qu'ils semblent charrier le monde.

Grandgousier, averti, délibère. Sa douleur et sa sagesse sont sans égales. Il doit faire la guerre pour protéger ses sujets. Mais il n'entreprendra rien qu'il n'ait essayé tous les arts et moyens de paix. Ulrich Gallet va s'enquérir auprès de Picrochole des causes de la guerre. A sa harangue cicéronienne ce dernier répond : *On vous en broiera, des fouaces.* Grandgousier fait de nouvelles offres de paix. *Grandgousier tremble dans ses chausses,* conclut Touquedillon, capitaine des armées de Picrochole. *Puisqu'il n'est question que de quelques fouaces, j'essaierai le contenter, car il me déplaît trop de livrer guerre,* dit Grandgousier. Et il fait rendre les fouaces.

Pendant ce temps, les conseillers de Picrochole lui promettent la conquête de l'univers. Ce passage est assurément l'un des deux ou trois sommets de l'œuvre rabelaisienne, d'un comique à la fois énorme et fin. Il faut lire l'original dans l'entretien de Pyrrhus et de Cinéas rapporté par Plutarque, le récit de Lucien de Samosate et aussi les vers de Boileau dans l'*Épître au roi*, pour se rendre compte que l'art de Rabelais, ici, défie toute rivalité. Nous sommes loin des Dipsodes et de la Dipsodie.

Toute la guerre picrocholine se déroule en effet autour du château de la Roche-Clermond, aujourd'hui en grande partie démoli. Les noms de lieux figurent encore de nos jours sur les cadastres du Chinonais. Ce Pyrrhus de Touraine, ce Picrochole colérique et insatiable, c'est Gaucher de Sainte-Marthe, et le bonhomme Grandgousier, c'est le père de Rabelais. Gaucher de Sainte-Marthe s'était trouvé en conflit avec Antoine Rabelais dont il était voisin par la Devinière car l'avocat avait plaidé pour la communauté des bateliers de la Loire, en procès contre ledit Gaucher de Sainte-Marthe qui gênait la navigation par d'insolites installations de pêcheries en amont de Saumur.

Cependant Gargantua retrouve sa taille de géant pour faire la guerre. Cela ne l'empêche pas de deviser avec ses compa-

Comment Gargantua fit bâtir pour le moine l'abbaye de Thélème

Comment étaient vêtus les religieux et religieuses de l'abbaye de Thélème

Comment étaient réglés les thélèmites à leur manière de vivre.

Comment fut bâtie et dotée l'abbaye de Thélème et comment on y vit

gnons. Les moines au cours de ces entretiens sont comparés à des singes : *Ils marmonnent grand renfort de légendes et psaumes nullement par eux entendus ; ils content force patenôtres entrelardées de longs* Ave Maria *sans y penser ni entendre, ce que je appelle moquedieu, et non oraison.* D'ailleurs, Frère Jean déclare tout net qu'il ne dort jamais si bien que lorsqu'il est au sermon ou quand il prie Dieu. Lorsqu'on amène cinq pèlerins prisonniers, qui allaient offrir leurs vœux contre la peste à Saint-Sébastian :

- *O, dit Grandgousier, pauvres gens, estimez-vous que la peste vienne de Saint-Sébastian ?*

Et il les renvoie en leur disant : *Allez-vous-en, pauvres gens, au nom de Dieu le créateur, lequel vous soit en guide perpétuelle, et dorénavant ne soyez faciles à ces odieux et inutiles voyages.*

De même, Grandgousier renvoie Touquedillon, qui avait été fait prisonnier, parce que *le temps n'est plus d'ainsi conquêter les royaumes avec dommages de son prochain frère chrétien.*

Enfin Picrochole est vaincu et le bon Grandgousier traite humainement ses ennemis, préférant *ériger des trophées et monuments dans le cœur des vaincus.* Quant à Frère Jean, il est récompensé par la fondation et dotation d'une abbaye appelée de Thélème parce que chacun y fait sa volonté. Tout y est disposé à rebours de ce qui se passe dans les couvents : les femmes y sont admises, on y est libre et riche, et la vie n'y est pas réglée par les cloches. L'entrée en est naturellement interdite aux *hypocrites, bigots, vieux matagots.* Quant à la liberté qui y règne, Rabelais la justifie par un optimisme foncier : les gens *bien nés, bien instruits, conversant en compagnies honnêtes, ont par nature un instinct et aiguillon qui toujours les pousse à faits vertueux et retire du vice.* La sujétion et la contrainte nous détournent de cet instinct naturel, car notre besoin de liberté est si fondamental que nous préférons encore le mal à un bien imposé par la tyrannie : voilà qui ne manque pas de sens.

Les idées si nobles de Rabelais sur la guerre et la paix, la liberté et la morale, les basses superstitions et la vraie religion ne doivent pas, pourtant, être tenues pour nouvelles : l'état d'esprit de Grandgousier à l'égard des pèlerinages notamment était, même avant la Réforme, parfaitement possible chez des gentilshommes campagnards, chrétiens sincères, ennemis des croyances puériles. D'autres écrivains du temps (Le Maire des Belges, Jean Bouchet du Saix) ont les mêmes idées. Le renvoi de Touquedillon est une belle leçon : mais

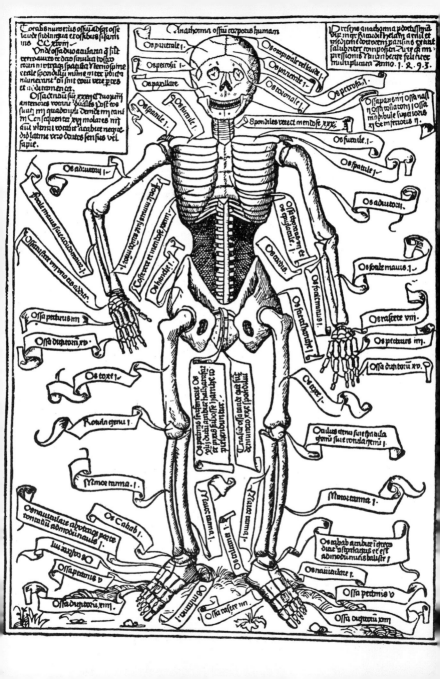

peut-être n'est-il pas nécessaire d'aller chercher de si hautes pensées chez les humanistes. Grandgousier incarne un type de sage, de philosophe qui n'était pas rare dans l'ancienne France : l'horreur de la violence, le goût de la modération, le sentiment de la justice, il ne faudrait tout de même pas oublier que ce sont des sentiments chrétiens élémentaires, et que ce siècle est chrétien, derrière les *hypocrites, cafards, botineurs, papelars* que Rabelais invective constamment. Et puis le problème de la moralité dans la guerre n'était-il pas une préoccupation première chez Budé, Calvin et surtout Erasme ?

La vérité, c'est que le livre, turbulent au début, et ruant comme un jeune poulain, se hausse à la douceur, à l'humanité profonde. Rabelais rend hommage à son père, il lui attribue les plus grandes vertus, il le sanctifie. C'est qu'il quitte à regret son enfance, un instant retrouvée : le *Gargantua* achevé, il lui faudra assumer à nouveau sa propre maturité.

C'est un instant important pour un écrivain que celui où il s'accomplit en plongeant aux abîmes de sa mémoire. Voici Rabelais père à son tour, à la fois de ce Théodule (qui est né justement vers cette époque et mourra à deux ans) et de cette œuvre par laquelle sa propre vie se transfigure. Le *Gargantua* s'achève comme le *Quichotte*, par une mort secrète de l'auteur. Rabelais va se taire douze ans. Lorsqu'il reviendra aux lettres, ce sera avec le même langage, le même rire, le même réalisme, mais il y aura quelque chose de plus, une angoisse nouvelle dans cette recherche acharnée et comique de ce que réserve l'avenir.

Panurge dilapidant en quinze jours le revenu de sa chatellenie de Salmigondin et se lançant dans une apologie des dettes, vrai chef-d'œuvre de sophistique : voilà ce que nous montrent les huit premiers chapitres du *Tiers Livre*. Pantagruel, nullement convaincu, paie pourtant les dettes de son ami. Celui-ci se demande alors s'il doit se marier ; il le voudrait bien, mais il a grand peur d'être cocu.

On consulte l'*Énéide* ouvert au hasard, une voyante, (la Sibylle), le poète Raminagrobis, le magicien Her Trippa, un muet. Les réponses sont convergentes : Panurge, s'il se marie, sera cocu, battu et volé. Du moins est-ce ainsi que Pantagruel interprète des réponses dont le sens est évident : mais Panurge, aveuglé, en retourne chaque fois la signification ou l'interprète subtilement de travers. Pantagruel réunit alors pour un festin un théologien, Hippothadée, un philosophe, Trouillogan, un médecin, Rondibilis. Quant au juge Bridoye, on apprendra qu'il a tranché les procès aux dés toute sa vie. Le théologien s'en remet à Dieu, le philosophe est un sceptique qui ne peut dire ni oui, ni non, et le médecin tient le cocuage pour lié par nature à l'état de mariage.

Panurge consulte encore le fou Triboulet, qui conclut également au cocufiage, ainsi qu'Epistémon, Frère Jean, les cloches. Pantagruel, ému de l'entêtement et de la douloureuse idée fixe de son ami, l'engage à consulter l'oracle de la

« *Quand je dis femme, je dis un sexe tant fragile, tant variable, tant minable, tant inconstant et imparfait...* » (Brueghel, L'orgueil, détail)

Dive Bouteille au Cathay, en Chine. La flotte pantagruéline va appareiller, chargée d'un produit aux propriétés infinies et quasi miraculeuses, le pantagruélion.

Si nous pouvions croire encore que Rabelais n'attachait pas d'importance à ses folâtries, le *Tiers Livre* se chargerait de nous démentir ; il est précédé du privilège du roi, il est dédié à la reine Marguerite de Navarre et il est signé de François Rabelais, docteur en médecine. Le *Prologue*, plus long que les précédents, est particulièrement élaboré. L'auteur s'y compare à Diogène qui, voyant les Corinthiens se préparer à soutenir le siège de Philippe de Macédoine, se mit à tourner, gratter, laver, rouler son tonneau, pour ne point paraître oisif au milieu d'un peuple si occupé. La France était alors fort affairée aux préparatifs guerriers : on s'attendait à l'assaut des Espagnols. Tout en rendant un hommage sincère à sa patrie, Rabelais ne manque pas ici de malice, et il faut le soupçonner de ne pas souffrir du complexe des écrivains modernes, qui se sentent fâcheusement coupables d'inutilité. Rabelais, lui, *a pensé ne faire exercice inutile et importun, à remuer son tonneau diogénique.* Tant s'en faut qu'il reste *cessateur et inutile. Au son de ma musette mesurerai la musarderie des musards.* Il se vante également de son inspiration inépuisable : on ne peut vider son tonneau, *il a source vive et veine perpétuelle.* Et le prologue s'achève par les invectives habituelles contre les mâtins qui compissent son tonneau, les cagots, les cafards. Mais on y trouve une note nouvelle dans la défense des droits de l'écrivain : Rabelais met l'accent sur l'inégalité des parties dans la persécution. Pourquoi persécuter un écrivain que l'on n'aime pas ? Il ne vous oblige pas à trinquer avec lui ; s'il ne vous plaît pas, laissez-le, il n'exercera nulle violence, lui, pour vous obliger à boire à son tonneau.

Ce prologue, où l'image du tonneau est tenacement poursuivie, constitue un morceau étourdissant, d'une jeunesse, d'une verve, d'un élan rarement égalés dans toute l'œuvre de Rabelais. Un aspect nouveau du style y apparaît : il ne s'agit plus seulement d'éblouir par un vocabulaire immense, il s'agit de remplacer les choses par les mots, de substituer à l'épaisseur et à la durée du monde une épaisseur et une durée verbales équivalentes. Cela est particulièrement réussi dans les pages où sont décrites les activités des Corinthiens. Comment rendre perceptible la vanité de ce fabuleux grouillement ? Rabelais y parvient en trouvant soixante-quatre verbes caractérisant la manière dont Diogène tourmentait son tonneau.

En puissance verbale, Rabelais n'est pas encore au sommet de son art, au moment où pourtant son œuvre est moins fertile en événements et où une recherche inquiète, souvent ésotérique, perce sous le rire. Au cours du *Tiers Livre,* la recherche du style pourra passer en second au profit de la « quête », et cette quête a quelque chose de tendu, de serré, qu'on ne rencontre pas dans les deux livres précédents. Mais dans le *Prologue,* on voit bien que Rabelais a livré son secret d'écrivain, la forme de son défi au monde par le style : une sorte de rivalité prestigieuse des mots avec l'univers entier. On sent que Rabelais répond au silence, hors de tout système philosophique, en grand écrivain, c'est-à-dire par une certaine écriture calquée sur son comportement le plus profond, qui est de relever le défi de la matière, de lui opposer une masse équivalente, de substituer un verbe à toute chair. Dans ce *Prologue,* l'épaisseur et la durée sont saisissantes - un torrent verbal a submergé le réel. Mais, comme chez Balzac, c'est par une insurrection spirituelle que la chair se fait verbe : les mots ne rivalisent pas avec la léthargie du monde et sa grisaille, comme chez Flaubert, ils sont une victoire sur la léthargie de la matière. Il y a donc un souffle rabelaisien sans lequel la masse des mots ne détruirait pas l'angoisse et n'égalerait pas la création. *Les beaux bâtisseurs nouveaux de pierres mortes ne sont écrits en mon livre de vie. Je ne bâtis que pierres vives ; ce sont hommes.* Là est la spiritualité profonde et vraiment évangélique de Rabelais ; évangélique car, dans l'entreprise d'écrire, ce qui fascine l'écrivain ce n'est pas de voir l'Esprit se faire chair mais, par une transmutation prodigieuse, c'est de renvoyer la chair à l'esprit. C'est cela la « bonne nouvelle ».

Ces considérations étaient nécessaires pour comprendre les véritables dimensions du *Tiers Livre* : l'auteur, déjà guetté en secret par la fatigue de l'esprit et par cet insupportable accablement de l'âme, qui est la mort prématurée du génie, a l'air de se mêler à une querelle de son temps sur les femmes : mais ce n'est qu'un prétexte. Panurge devient le personnage central du livre, ou plutôt c'est lui qui occupe le plus de place. Mais en même temps, son caractère change, il devient lâche, il est aveuglé et de mauvaise foi, colérique, insolent. *L'esprit malin vous séduit,* lui dit Pantagruel. La sagesse profonde, qui appartenait toujours au père, à Gargantua dans le *Pantagruel*, à Grandgousier dans le *Gargantua*, appartient ici à Pantagruel : c'est lui qui, symboliquement, est devenu le père, alors qu'il était le fils au temps de la jeunesse de Rabelais. Et c'est la première fois que Rabelais assume lui-même le rôle du père : dans son œuvre, il ne le *délègue plus*. Il domine donc Panurge, maintenant, et de très haut, alors qu'il n'était autrefois qu'une sorte de condisciple. Rabelais peut dès lors se moquer, grâce à un personnage mineur de sa propre couardise : étranges métamorphoses qui doivent être entendues parce qu'elles montrent les hiérarchies spirituelles et secrètes dans la création rabelaisienne.

Le ton aussi a changé : Rabelais pousse devant lui la masse énorme de ses connaissances. Il en fait systématiquement le tour. C'est le livre le plus savant qui soit. Mais, cette fois, toute connaissance conduit à un peu de savoir et à des doutes immenses, avec une sorte de sérénité qui est de l'ordre de la contemplation. Jusqu'à présent, seul l'épisode de Taumaste nous avait donné un aperçu du silence que contemple en secret, par-delà la parole, cet humaniste omniscient. Cette fois, le « procédé Taumaste » est repris à propos de la consultation d'un muet, ce qui montre combien Rabelais y tient. Mais le scepticisme du génie concernant les balbutiements de l'espèce humaine n'a rien de commun avec la satisfaction de soi des petits esprits : pour Rabelais, le scepticisme est une garde de l'esprit, une veille attentive, quelque chose qui élève, qui fait sentir le mystère, quelque chose qu'on écoute et qui inspire.

Donc il s'agit, au rez-de-chaussée, d'une querelle d'actualité : nous y descendons.

En 1545, l'éternel débat sur la supériorité ou l'infériorité du sexe faible connaissait un regain d'actualité. Antoine Heroët, familier de la reine de Navarre, avait publié *La Parfaicte amye* en l'honneur des femmes. Un disciple de Marot avait répliqué en publiant *L'Amye de Court* et Fontaine y avait opposé *La Contre Amye de court*. On sait qu'une double tradition, celle des conteurs et auteurs de farces et de fabliaux d'une part, celle des troubadours d'autre part, alimentait cet inépuisable et antique débat, les uns disant pis que pendre des femmes, les autres les portant aux nues. Rabelais, par sa formation religieuse, se méfiait d'un sexe si dangereux, mais il était bien trop grand écrivain pour s'écarter de l'étude de l'humanité en général. Pour lui, la femme ne saurait être un monstre ni un ange ; et si elle a des qualités et des défauts différents de ceux des hommes, voilà qui ne saurait suffire à séparer les sexes en deux clans foncièrement opposés par nature.

La Renaissance avait permis aux femmes, dans les cercles les plus aristocratiques et à la cour, de rivaliser de talent avec les hommes. Mais cela ne changeait rien au fait que, même dans la « haute bourgeoisie », elles restaient confinées à la maison, sous la tutelle perpétuelle d'un père ou d'un mari. L'homme de la Renaissance, est-il besoin de le rappeler, n'habitait pas encore un univers peuplé de femmes. C'était aux hommes, presque exclusivement, qu'il avait affaire, comme les Anciens. Rabelais n'est pas dupe de toute cette galante littérature. Et parce qu'Ève, au sens moderne, est comme absente de l'univers qu'il a sous les yeux, il l'oublie pour ainsi dire dans les deux premiers livres, sauf dans les chapitres concernant l'abbaye de Thélème où elle joue un rôle bien décoratif. Quant au *Tiers Livre*, Rabelais n'y introduit le sexe que pour alimenter son comique, ce comique gaulois du cocuage qui alimentait la farce au Moyen Age.

Certes, Rabelais n'est pas féministe. Le *Tiers Livre* lui a fait une solide réputation de misogynie, principalement à cause des paroles sacrilèges du médecin Rondibilis : *Quand je dis femme, je dis un sexe tant fragile, tant variable, tant minable, tant inconstant et imparfait, que Nature me semble (parlant en tout honneur et révérence) s'être égarée de ce bon sens par lequel elle avait créé et formé toutes choses quand elle a bâti la femme... Certes, Platon ne sait en quel rang il les doive colloquer, ou des animaux raisonnables, ou des bêtes brutes.* Ce regard, c'est sur l'homme que Swift le portera, comme sur un animal un peu au-dessus du singe, doué d'un grain de raison bien insuffisant à le gouverner. Pour ce qui est de cette fâcheuse citation de Platon, le maître de Rabelais, Erasme, écrit de son côté : « La femme est un animal inepte et ridicule. Platon avait raison de se demander dans quelle catégorie la placer, celle des êtres raisonnables ou des brutes... La femme est toujours femme, c'est-à-dire stupide. » La citation de Platon était une sorte de lieu commun culturel, on la retrouve partout. Rabelais ne déteste pas la femme : il est indifférent à ses problèmes, au contraire d'Erasme, auteur de l'*Institution du mariage chrétien*, ouvrage très moderne par certains côtés. Le grand humaniste, psychologue raffiné, plaçait le mariage au-dessus du célibat reli-

gieux, prônait la culture intellectuelle du sexe faible, dénonçait le goût des hommes pour la puérilité féminine. Mais en même temps il traçait un portrait de la femme idéale dans le mariage : la piété, la modestie, la sobriété, la chasteté, sont les vertus cardinales. En réalité, ces humanistes, contempteurs de la femme en secret, se montraient soucieux d'émettre des idées très pures sur le mariage par une sorte de glissement psychologique qui satisfaisait autant leur confort que leur vanité spirituelle. Si Rabelais avait vraiment parlé de la femme, il aurait peut-être évité cette inconsciente hypocrisie ; sa verve gaillarde aurait dénoncé l'art subtil de se porter soi-même aux nues en peignant sa compagne sous des couleurs éthérées. Mais il faut se faire une raison, ce grand génie, marqué par le moinage, ne parle du mariage que pour en rire. Il avait besoin d'un ressort comique, il le fait jouer à plaisir. Mais ce qui l'intéresse dans le *Tiers Livre,* par-delà la farce gauloise et le cocuage, c'est la capacité du genre humain d'interroger l'avenir, de connaître son destin. Lorsque Panurge interroge les sorts virgiliens, Her Trippa, les songes ou la Sibylle, on voit bien que ce sont les divers moyens imaginés par l'humanité pour percer le futur qui le captivent.

Mais croyait-il aux sciences divinatoires ? Il est facile de répondre par oui ou par non. Il est plus difficile, à l'instar du philosophe Trouillogan de répondre oui et non. Et d'abord, le goût de notre auteur pour les *calendriers* et *pronostications* — on sait qu'il en a édité plusieurs — pouvait bien passer pour un moyen de gagner de l'argent : mais voici tout le *Tiers Livre,* (texte sérieux, signé) consacré aux prophéties. Il est évident que l'art divinatoire dans ses multiples formes, exigeant une érudition atterrante chez Rabelais, correspondait à un besoin profond ; c'était une véritable passion. Maître François est de ces écrivains privilégiés qui, quelque puissantes que soient leurs racines, se détournent invinciblement du monde pour une interrogation plus haute.

Voici qui est étrange : Pantagruel conseille à Panurge de consulter un poète mourant, parce que les poètes, *qui sont en protection d'Apollo, approchant de leur mort, ordinairement deviennent prophètes et chantent par apolline inspiration, vaticinant des choses futures.* Suivent d'érudits exemples parmi lesquels on lit soudain : *Seulement vous veux citer le docte et preux chevalier Guillaume du Bellay ; lequel au mont de Tarare mourut le 10 de Janvier... Les trois et quatre heures avant son décès il employa en paroles vigoureuses, en sens*

89

Le branle (Dürer)

tranquille et serein, nous prédisant ce que depuis avons vu, par attendons advenir. Or il est exclu que Rabelais puisse ici se moquer de son grand protecteur, de l'homme qu'il a servi, aimé, et qui est mort dans ses bras.

D'autre part, observons que les réponses des sorts virgiliens, des songes, de la Sibylle, ainsi que les conclusions de Her Trippa, du fou, du muet, concordent à proclamer que Panurge sera cocu : si Maître François avait voulu démontrer l'inanité absolue des prophéties, n'aurait-il pas commencé par les rendre contradictoires ? Enfin si Panurge est aveuglé et inspiré du malin en interprétant les oracles à l'envers, c'est qu'il y a un sens clair, qui crève les yeux aux assistants. La façon dont Panurge nie l'évidence est un des ressorts comiques du *Tiers Livre*. A qui cette évidence n'apparaît pas, ce genre de comique échappe complètement. Ainsi un malade de Freud rêva un jour que Freud voulait lui faire avaler un journal : mais il ne pouvait le digérer et le vomissait toujours. Freud voulut démontrer que le malade vomissait son complexe d'Œdipe. Adler, qui assistait à la séance, déclara que le malade vomissait symboliquement la psychanalyse que Freud voulait lui enfourner de force, mais qui lui restait sur l'estomac. Cette scène est exactement de la même veine comique que le *Tiers Livre*. Mais si l'on ne croit à aucune symbolique onirique, le comique de Freud détournant comme Panurge les symboles de leur sens évident pour les faire entrer dans son idée fixe, n'a aucun sel.

Déjà dans la lettre de Gargantua à son fils (chap. II),

nous rencontrons ce passage : ... *Et de astronomie, saches-en tous les canons; laisse-moi l'astrologie divinatrice et l'art de Lullius comme abus et vanité.* Et dans le *Tiers Livre* Pantagruel dit à Panurge : *En l'entreprise de mariage, chacun doit être arbitre de ses propres pensées et de soi-même prendre conseil.* L'oracle confirmera ce point de vue.

Pour sortir de l'impasse, il faut noter d'abord que Rabelais établit incontestablement une hiérarchie entre les prophéties. Ainsi Panurge veut aller aux Iles Ogygies, où *Saturne est lié de belles chaînes d'or dedans une roche d'or.* Et Epistémon lui répond : *C'est abus trop évident et fable trop fabuleuse. Je n'irai pas.* Her Trippa est ridiculisé parce qu'il prédit l'avenir par aéromantie, hydromantie, lecanomantie, catopromantie, coscinomantie, alphitomantie, aleuromantie, astrogalomantie... Ce souci apparaît fort clairement lorsque Panurge est condamné à faire un songe qui sera interprété le lendemain : il restera à jeun parce que *l'homme replet de viandes conçoit difficilement les choses spirituelles.* Rabelais admet, à l'instar des Anciens, qu'il y a des songes bas et matériels, et d'autres purs, inspirés, prophétiques. Or il faut bien constater que toute l'histoire de la psychanalyse depuis cinquante ans se résume à un retour aux conceptions antiques, de sorte que les sciences modernes de l'inconscient sont à nouveau capables, depuis peu, d'interpréter par exemple le songe de Daniel, qui était parfaitement clair pour un contemporain de Rabelais. Quant à l'interprétation du rêve de Panurge, par Pantagruel, c'est point par point l'interprétation qu'en donnerait aujourd'hui K. G. Jung, rejoignant Artémidore de Daldia : Panurge a rêvé qu'une jeune femme lui plantait des cornes ; puis le songeur est transformé en tambourin et la jeune femme en chouette. Pantagruel déclare au rêveur qu'il ne sera pas transformé réellement en tambourin ni elle en chouette, mais qu'elle le battra comme un tambour de noces et qu'elle le volera comme il est dans la nature de la chouette.

Rabelais a donc essayé de retenir la quintessence de la sagesse antique. Ce serait une grande erreur de voir chez les plus grands humanistes de la Renaissance des entasseurs de savoir livresque. Il est évident que Rabelais a médité longuement, que son savoir a mûri, qu'il juge souverainement ; et s'il a appris à douter beaucoup, c'était pour mieux approcher de ce fond universel de vérité et d'expérience que l'on redécouvre seulement en partie aujourd'hui à travers une exploration sans préjugé. Comme par hasard, c'est Rabelais lui-même qui a introduit le mot *archétype* dans notre langue.

Mais il y a plus. L'œuvre de Rabelais est une manière de somme de toutes les connaissances humaines et divines. Dans le *Tiers Livre*, Rabelais fait une fois de plus le tour de son savoir : il s'y montre devin et médecin, botaniste et juriste, théologien et philosophe. C'est pourquoi, après avoir interrogé les astres et les songes, il se tourne maintenant vers les choses terrestres. Ce qu'il reproche à Her Trippa, c'est de n'être pas à la fois du ciel et de la terre, de sorte que *voyant toutes choses éthérées sans bésicles, discourant de tous cas passés et présents, prédisant tout l'avenir, seulement ne voyait pas sa femme brimballante*. Le recours à un médecin, à un juriste, à un théologien signifie que l'enquête va se poursuivre dans la cité. Mais pour Rabelais, les jugements terrestres, solides, rationnels et motivés, sont aussi difficiles et souvent aussi illusoires, que ceux de l'art divinatoire. Pis encore : le poète, le philosophe ne trancheront pas, tandis que les songes, la Sibylle, le muet et le fou tranchaient du moins franchement le débat.

Certes Rabelais croit en Dieu, mais ce Dieu lui permet de ne pas sombrer dans la magie, ce Dieu lui donne une distance intérieure à l'égard des choses terrestres, distance sans laquelle il n'est pas de victoire de l'esprit ; ce Dieu lui donne enfin, en même temps, cette terre comme champ d'exercice. Dans le premier chapitre de la *Pantagruéline Pronostication*, intitulé *Du Gouvernement et Seigneur de cette année*, nous lisons : *Ne croyez que cette année y aie autre gouverneur de l'universel monde que Dieu le créateur, lequel, par sa divine parole, tout régit et modère, par laquelle sont toutes choses en leur nature et propriété et condition, et sans la maintenance et gouvernement duquel toutes choses seraient en un moment réduites à néant.* Mais ce Dieu est assez lointain dans sa toute-puissance pour élever l'âme de l'écrivain, lui faire trouver son souffle, alimenter cette très profonde et contemplative prière nécessaire à sa création ; assez lointain aussi pour donner aux hommes grande liberté de jugement sur terre. Il est donc à la fois possible de dénoncer les abus de ceux qui croient représenter Dieu, et possible de savoir quelque chose, parfois, de la volonté de Dieu. La liberté d'esprit de Rabelais devant ce Dieu *créateur, gouverneur et conservateur*, mais non mêlé à toutes les singeries des hommes, c'est déjà le Dieu de Descartes qui permettra le prodigieux essor de la science, et qui permet à Raminagrobis de mourir en chassant de sa maison *un tas de vilaines, immondes et pestilentes bêtes noires, bigarrées, fauves, blanches, cendrées, lesquelles laisser ne me voulaient à mon aise mourir...* Rabelais a cru au Dieu qui lui permettait d'embrasser le ciel et la terre autant qu'il était possible à son génie. Il est révélateur que, spécialiste en anagrammes de son nom, il ait trouvé celui de Séraphin Calobarsy, qu'il attribue, dans l'édition de 1534 du *Gargantua*, au savant médecin choisi par Ponocrates pour corriger *la vitieuse manière de vivre* de son élève. Or, Calobarsy est une transposition de καλόθυρσα, belle outre à vin (Lucien). Séraphin Calobarsy, mariage du ciel et de la terre, quel nom pour un devin !

Les personnages du *Tiers Livre* ont à peu près tous été identifiés : ils sont morts depuis bien longtemps, et ce n'est pas eux que Rabelais a rendus immortels. Pour ce qui est de la réalité, sachons que Rabelais continue à soutenir la politique royale. S'il se lance dans une violente attaque contre les jeunes gens qui se marient sans le gré de leurs parents, c'est que le roi prenait d'énergiques mesures contre les mariages clandestins : de là à qualifier Rabelais de publiciste attitré de la royauté, il n'y avait qu'un pas ; il fut franchi. Mais l'éloge du pantagruélion qui termine l'ouvrage ? C'est un étrange morceau pour les chercheurs de « réalité ». Il s'agit, cela ne fait aucun doute, d'un éloge du lin, en partie emprunté à Pline. Abel Lefranc s'est demandé « s'il n'y avait pas dans ces pages un écho de projets contemporains relatifs à un développement de cette culture, devenu désirable en raison de nouveaux besoins économiques », et il en « formule hardiment l'hypothèse ». De telles audaces intellectuelles nous remettent à notre place : nous nous demandons, nous, ce que vient faire ici cet éloge dithyrambique d'une plante aussi mystérieuse. Il s'agit du lin ; mais pourquoi Rabelais a-t-il conclu que la chose fût énigmatique ? Nous formulons hardiment l'hypothèse que l'auteur avait des besoins lyriques pour achever le *Tiers Livre*, et qu'il a choisi de donner la parole au botaniste. De sorte que la victoire poétique est obtenue sans sortir de la trame de l'ouvrage ni de l'implacable tour d'horizon d'un savoir prodigieux. Cette inspiration n'est pas sans portée : le Maître obtient l'effet voulu indépendamment du sujet traité, par simple élévation du ton. Pour les écrivains, la leçon n'a pas été perdue - mais qui songerait à aller voir de ce côté-là ?

abelais, dans le *Quart Livre,* raconte l'Odyssée de Pantagruel et de ses compagnons à la recherche de la dive bouteille : l'oracle doit trancher la question posée par Panurge. La première escale a lieu à *Médamothi* (nulle part, en grec) où Panurge achète d'étranges tableaux, l'un représentant « au vif » les idées de Platon et les atomes d'Épicure, l'autre l'écho dans la nature. Gardons-nous de faire de Rabelais le précurseur de la peinture non figurative ! Bientôt nous apprenons à user du pigeon voyageur. Suit le célèbre épisode des moutons de Dindonnault, dont Panurge acheta l'un trois livres tournois pour le jeter à la mer : toutes les *âmes moutonnières* suivirent, et le marchand lui-même fut entraîné dans les flots. Panurge, avec un aviron, empêchait qui que ce fût de remonter à bord, démontrant avec des fleurs de rhétorique les misères de ce monde, le bien et le bonheur de l'autre vie. Il y a souvent chez Rabelais une férocité antique ; sa foi le jette plutôt dans le délire créateur qu'elle ne l'élève à la charité. Nous voici parmi les Chicanous : ce sont les huissiers, qui gagnent leur vie à être battus. Racine s'est inspiré ici de Rabelais pour la scène de l'Intimé dans Les *Plaideurs.* La prochaine escale est aux îles *Tohu* et *Bohu.* Suit une tempête où Panurge a très peur, et l'extraordinaire passage où des paroles gelées tombent en grêle sur le navire : nous y reviendrons. Enfin, voici l'île de Tapinois où règne Carême-Prenant dont la description énumérative est d'une grande précision anatomique aux yeux des spécialistes.

Nous rentrons ici dans le fantastique gigantal. Pantagruel occit une baleine. A l'île de Ruach, les habitants ne vivent que de vent : c'est déjà du pur Swift. L'histoire du laboureur qui trompe le diable est un des meilleurs morceaux : La Fontaine ne s'y trompa pas, qui vint ici piller Maître François, avec pour seule excuse d'en avoir tiré du La Fontaine. Le passage le plus violent du livre concerne les Papimanes et leurs Sacrées Décrétales : nous nous y arrêterons, ainsi que sur l'épisode de Messer Gaster, l'inventeur de tous les arts.

Le *Quart Livre* est, à notre sens, de tous le plus étrange et nouveau, le plus secret et en même temps le plus « engagé ». La progression initiatique est évidente si on le compare aux trois premiers, mais en même temps le réalisme atteint son point culminant dans certains épisodes. L'auteur commence à expérimenter le procédé nouveau de l'allégorie, qu'il perfectionnera encore dans le *Cinquième Livre*, mais sans parvenir au sommet dans ce genre. Enfin c'est un livre qui nous en dit long sur les ressorts secrets et les découragements du génie : de sorte que, plus abstrait que les autres, c'est pourtant un livre intime.

D'abord, seul dans l'œuvre de Rabelais, il est précédé, outre le prologue, d'une lettre : elle s'adresse à Mgr Odet, cardinal de Châtillon, alors évêque de Beauvais. Peu de temps après, le cardinal se convertit au calvinisme, se maria, fut excommunié et mourut en Angleterre, empoisonné. Il est certain que l'amitié des deux hommes reposait sur de communes sympathies évangéliques. De plus, c'est Mgr Odet qui poussait auprès du roi la demande de privilège d'impression de Rabelais.

Cette lettre nous intéresse fort par les lueurs qu'elle jette sur les raisons profondes du silence de douze ans entre le *Gargantua* et le *Tiers Livre* ; elle laisse deviner aussi pourquoi le *Quart Livre* ne parut d'abord, en 1548, qu'incomplet : *Mais la calomnie...*, écrit Rabelais, *de certains cannibales, misanthropes, agélastes, avait tant contre moi été atroce et déraisonnée qu'elle avait vaincu ma patience, et plus n'étais délibéré en écrire un iota.*

Rabelais avait été un instant découragé. Il avait souffert très profondément de la persécution des Sorbonagres : hantise perceptible dans toute son œuvre. Mais cette fois, il avait écrit un prologue aux onze premiers chapitres, d'une grande violence, où sa douleur et sa colère se donnaient libre cours : il y accusait ses ennemis de *cracher dans le bassin*, c'est-à-dire dans le plat le plus exquis, pour en dégoûter les autres et se réserver le chapon : *Ainsi ont fait ces nouveaux diables enjuponnés, voyant tout ce monde en fervent appétit de voir et lire mes écrits...* Cette grande explosion de fureur désespérée cachait une fatigue et trahissait l'approche d'une crise. Il faut admettre que Rabelais ne trouva pas la force de poursuivre au-delà du onzième chapitre. C'est alors que Mgr Odet l'encouragea, l'avertissant au jour le jour des progrès de sa requête au roi, qu'il soutenait de toutes ses forces pour obtenir le privilège. Rabelais lui en garda une profonde reconnaissance : la persécution commençait à agir dans le secret, à tarir l'invention, et c'est bien cette action intérieure que l'écrivain redoute le plus dans la persécution ou l'échec. Il le dit en propres termes : *Car par votre exhortation tant honorable, m'avez donné et courage et invention, et sans vous m'était le cœur failli, et restait tarie la fontaine de mes esprits animaux.*

Ayant donc retrouvé la source vive, cette inspiration inépuisable dont il se vantait autrefois, Rabelais achève le *Quart Livre*, supprime l'ancien prologue, si violent, et le remplace par la lettre à Mgr Odet, mais en reprenant de façon curieuse et révélatrice le premier prologue. Il en adoucit des passages, notamment celui qui concerne les *cracheurs dans le bassin*, et fait un acte de contrition : le médecin doit constamment rester rieur et heureux, quoi que puisse dire le malade, car la joie et la santé du médecin sont pour beaucoup dans la guérison du malade, idée moderne mais qui remonte, par-delà Rabelais, à Hippocrate et Galien. D'où l'excuse de Rabelais pour s'être laissé emporter hors de la sérénité médicale par la *calomnie de certains cannibales*. Mais dans cette lettre, Rabelais montre ses armes, bien davantage que dans le premier prologue. Il n'injurie plus ses adversaires, il brandit sous leur nez le privilège du roi. Bref, le créateur a retrouvé ses assises avec le sentiment qu'il est le vainqueur devant les temporels. C'est pourquoi *hors de toute intimidation, il met la plume au vent.*

Pourtant la leçon, celle de son fléchissement intérieur, n'a pas été perdue pour son génie et c'est chose admirable de voir le parti qu'il en tire — à savoir des considérations sur le rôle de la « modestie » dans l'équilibre psychique. La « modestie », Rabelais l'appelle médiocrité, dans le sens des anciens, pour lesquels c'était un grand éloge, synonyme de juste mesure. Horace parle dans ce sens de l'*aurea mediocritas*, Bossuet, La Bruyère l'entendent encore ainsi, et parmi les modernes les Hellénistes (Chénier, Paul-Louis Courier). *J'ai cet espoir en Dieu qu'il écoutera nos prières, vu la ferme foi avec laquelle nous les faisons, et qu'il accomplira notre souhait, attendu sa médiocrité*, écrit Rabelais. Et de recommander à ses malades la médiocrité, c'est-à-dire la modestie, comme un moyen de guérison, ayant compris que beaucoup de malades du corps le sont de l'âme, par une exaltation qui les écartèle de leurs désirs de richesse ou de puissance. *Souhaitez donc la médiocrité ... C'est, goutteux, sur quoi je fonde mon espérance, et je crois fermement que, s'il plaît au bon Dieu, vous obtiendrez la santé, vu que, pour le présent, vous ne demandez rien de plus.* Mais c'est de lui-même que parle ce grand génie : il dit que le secret de sa propre santé est le respect de l'Évangile *dans lequel est dit, dans un horrible sarcasme et une sanglante dérision, au médecin négligent de sa propre santé : « O médecin, guéris-toi toi-même. »* Le secret du pantagruélisme défini comme *une certaine gaîté d'esprit confite dans le mépris des choses fortuites*, est lié expressément aux Évangiles et à leur leçon de « médiocrité ».

Ayant donc surmonté cette grave crise, et s'étant guéri lui-même, comment Rabelais se retrouve-t-il devant son art ? C'est l'occasion d'un véritable éblouissement pour le lecteur. Racine, Molière, La Fontaine, qui avaient déjà puisé à pleines mains dans le *Tiers Livre*, pilleront littéralement le *Quart Livre*. Pour illustrer sa théorie de la « médiocrité », Rabelais se sert de l'apologue du pauvre bûcheron qui a perdu sa cognée et implore Jupiter de la lui rendre. Mercure lui en apporte trois : la sienne, une autre en or et la troisième en argent. Le messager de Jupiter a reçu ordre de trancher la tête au bûcheron s'il ne choisit pas la sienne et de lui donner les deux autres cognées par surcroît s'il fait le choix « médiocre ». Le bûcheron fait le bon choix et devient riche. Mais le récit des cris du bûcheron Couillatris qui *gagnait cahin-caha sa pauvre vie*, le compte rendu des délibérations de l'Olympe où Jupiter *tortille sa tête comme un singe qui avale des pilules*, la joie du bûcheron qui *tressaille de joie comme un renard qui rencontre des poules égarées*, tout cela est insurpassable : cette fois, c'est la vraie comédie moliéresque, c'est l'ampleur qui s'étale indéfiniment, parce que la veine est inépuisable.

Il semble que le ciel, la terre, les hommes et les dieux n'aient d'autre fonction naturelle que d'enfanter l'univers rabelaisien. Ainsi certaines rues de Paris ont changé de visage et sont devenues balzaciennes depuis que Balzac est passé par là, puisque le monde s'est mis à faire du Balzac.

Cette prise de possession totale du réel par le conte s'accompagne de nouvelles créations stylistiques et verbales, notamment le procédé de répétition : *Apprenant que c'était pour avoir perdu sa cognée : « Hem, hem ! dirent-ils ; ne tient-il qu'à la perte d'une cognée, pour que nous soyons riches ? Hem ! hem ! ah ! par Dieu, cognée, vous serez perdue, ne vous en déplaise ! » Ils perdirent donc alors tous leurs cognées. Au diable celui à qui demeura sa cognée ! Il n'était pas fils de bonne mère qui ne perdît sa cognée. Plus de bois n'était abattu ni fendu dans la forêt par ce manque de cognées.*

Rabelais se met à créer de toutes pièces des mots extraordinaires. Dans le différend que tranche Pantagruel entre les seigneurs de Baisecul et de Humevesne, nous l'avions vu déjà suggérer la signification par des amas de mots incompréhensibles, mais strictement architecturés et rythmés. Ici il suggère le sens du mot à partir de sa matière, comme il l'avait fait pour les noms propres, évocateurs du caractère du personnage qu'ils désignent. Mais voici des mots, des assonances :

– *Sont-elles mâles ou femelles, anges ou mortelles, femmes ou pucelles ? demanda frère Jean.*

– *Elles sont femelles de sexe, répondit frère Jean, mortelles de condition, quelquefois pucelles, les autres non.*

Nous possédons pour le *Quart Livre* un document très précieux, que Rabelais publia lui-même à la suite de l'édition de 1552, *La briève déclaration d'anciennes dictions plus obscures contenues au quatrième livre.* En effet, cet écrivain qu'on pouvait s'imaginer écrivant d'abondance, porté par un langage pléthorique, s'est tellement colleté avec les difficultés de son métier qu'il a tenu un compte exact de ses inventions, qu'il en a précisé le sens avec soin, et qu'il n'est pas un vocable qu'il n'ait soupesé, médité, employé à bon escient. Voilà un art concerté qui eût enchanté Valéry et, s'il en était besoin, voici de quoi anéantir la légende, répandue par Rabelais lui-même, qu'il aurait écrit en se jouant, n'y employant que le temps nécessaire à sa *réfection corporelle.* C'est avec une gravité extrême que ce rieur, écrivant *St, St, St* note : *Une*

voix et sifflement par lequel on impose silence. Térence en use
In Phor. *et Cicéron*, de Oratore. Quand il crée un mot il note :
Bringuenarilles, *nom faict à plaisir comme grand nombre d'autres*
en cestuy livre. Quand il emploie une expression populaire
qu'il juge savoureuse, il écrit : *Si Dieu y eût pissé. C'est une*
manière de parler vulgaire en Paris et par toute la France
entre les simples gens, qui estiment tous les lieux avoir en parti-
culière bénédiction esquels Notre Seigneur avait fait excrétion
de urine ou autre excrément naturel, comme de la salive est
escript Joannis : « Lutum fecit ex sputo. » Ailleurs, il note que
telle expression est poitevine ou de Touraine comme *Ma*
dia, qui est du grec de Touraine, ou *les ferrements de la*
Messe, disent les Poictevins villageois de ce que nous disons
ornements. Ailleurs, il nous fait encore la leçon : *Idolâtre*
est une manière de parler vulgaire pour idololâtre.

Mais surtout Rabelais crée une foule de mots à partir
du grec ou du latin, nous montrant quelle était avant lui
la pauvreté de la langue française en matière de philosophie
et de sciences. Il invente et explique notamment : *mythologie,*
prosopopée, catastrophe, cannibale, misanthrope, iota, thème, sar-
casme, cahin-caha (mot de Touraine), *olympiade, microcosme,*
hydrographie, cénotaphe, scatophage, hiéroglyphe, obélisque, py-
ramide, ichtyophage, encyclopédie, paroxysme, zoophore, scho-
liaste, archétype, paragraphe, sympathie, parasite, titanique,
dithyrambe, disgracié, perpendiculaire, atome, corollaire, inter-
calaire, équilatéral. D'autres mots auraient mérité d'enrichir
notre langue tels que *agélaste* (qui ne rit point), *philautie*
(amour de soi, alors que nous n'avons qu'amour-propre,
ou égoïsme, dont les sens sont laudatif et péjoratif), *bacbuc*
(bouteille, hébr.), *mégiste* (très grand), *macrobe* (homme de
longue vie), *hypophète* (qui parle des choses passées, par
opposition à prophète), *gastrolâtre...*

C'est dans le *Quart Livre* que se trouve le célèbre passage
des paroles dégelées, où le chosisme verbal de Rabelais apparaît le plus. En pleine mer, on entend soudain des gens
parlant dans les airs *jusqu'à entendre des mots entiers.* Bientôt
ils sont sur le tillac : on peut les saisir à pleines mains, ce
sont des paroles gelées qui ressemblent à des dragées perlées
de diverses couleurs. Frère Jean en réchauffe une, assez grosse,
entre ses mains. Elle fond comme de la neige. Pantagruel
en jette trois ou quatre poignées sur le pont de sorte qu'on
entend des *ticque, torche, lorgne, brededin, bredebac...* Cependant Rabelais n'a pas la superstition langagière, il vendrait

plus chèrement le silence, ainsi que Démosthène le fit autrefois.
Et Pantagruel ne juge pas nécessaire de mettre en réserve
dans l'huile quelques *mots de gueule, parce que c'est folie
de faire réserve de ce dont on ne manque jamais et que l'on a
toujours sous la main comme le sont les mots de gueule entre
bons et joyeux pantagruélistes.* Le génie a de ces coquetteries !
Nous avons vu par *La briève déclaration* le souci qu'a Rabelais
de son garde-manger. Mais par-delà les mots il y a le silence,
et ce mot de Panurge : *Plût à Dieu qu'ici, sans aller plus avant,
j'eusse le mot de la Dive Bouteille !* Le fin mot, c'est qu'il
y avait eu une grande bataille au commencement du dernier
hiver : les paroles et les cris des femmes et des hommes, la
rencontre des masses, le heurt des armures et toutes les autres
clameurs du combat avaient gelé en l'air. Puis, au printemps,
les mots s'étaient mis à fondre. Il faut noter que, pour Rabelais,
les mots et les sons, c'est tout un : *les paroles et les cris des
hommes et des femmes se mêlent aux hennissements des chevaux.*
Le vocabulaire n'est qu'une province de l'empire sonore
rabelaisien. C'est pourquoi, dans la tempête, Panurge, qui a
peur, sombre dans les sons confus :

– *Bebebebous, bous, bous, dit Panurge, bous bous bebe, bous
bous, je me noie, zalas ! zalas !*

À cette dislocation de l'homme et de son vocabulaire répond
l'extrême précision de vocabulaire du courage :

– *Courage, enfants, dit le pilote, le courant est remonté. Au
mât d'avant ! Hisse ! Hisse ! Aux boulingues du contre-artimon !
Le câble au cabestan. Vire, vire, vire ! Plante le heaume ! Pare
aux cordages ! La main au gouvernail ! Pare aux écoutes ! Pare
aux boulines ! Armure à bâbord ! Le heaume sous le vent ! Casse
l'écoute de tribord, fils de putain.*

C'est l'ésotérisme de Rabelais qui lui permet d'échapper
à la superstition des mots qui fleurit chez certains philosophes
modernes. Ainsi, cette tempête célèbre, où Panurge a eu
si peur, et dont le réalisme a été si admiré, a une signification
symbolique. Au chapitre suivant, le vieux Macrobe demande
à Pantagruel comment il a échappé à une tempête si horrible.
Et la tempête devient une épreuve du voyage initiatique :
*Pantagruel lui répondit que le Très Haut avait eu égard à la
simplicité et l'affection de ses gens, lesquels ne voyageaient pas
pour le gain ou le trafic de marchandises. Une seule cause les
avait mis en mer : le studieux désir de voir, apprendre, connaître,*

visiter l'oracle de Bacbuc et avoir le mot de la bouteille sur quelques difficultés émises par quelqu'un de la compagnie. Toutefois ce n'avait pas été sans grande affliction et danger évident de naufrage. Et Rabelais passe outre. Mais quelquefois, c'est très rare, il explique lui-même, et tout au long, le sens caché. Ainsi au chapitre LXII de ce Quart Livre, ayant écrit : Attendu pareillement que le sureau croît plus chanteur et plus apte au jeu des flûtes dans le pays auquel le chant des coqs ne sera pas entendu, ainsi que l'ont écrit les anciens sages, comme si le chant des coqs hébétait, amollissait et étonnait la matière et le bois de sureau, il prend la peine de nous expliquer tout au long que la statue de Mercure ne doit pas être faite de tout bois, c'est-à-dire que Dieu ne doit être adoré en façon vulgaire, mais en façon élue et religieuse. Et pareillement que les gens sages et studieux ne se doivent adonner à la musique triviale et vulgaire, mais à la céleste, divine, angélique, plus cachée et de plus loin apportée : savoir est d'une région en laquelle n'est ouï des coqs le chant. Or le sureau sauvage provient de lieux tant éloignés des villes et villages que le chant des coqs n'y pourrait être ouï.

Nous verrons que le Cinquième Livre sera plus « pythagorique » encore : parallèlement, la satire des institutions devient plus agressive, jusqu'à atteindre une violence inouïe. Rabelais dans le Quart Livre, s'en prend surtout au pape avec une audace qu'il ne pourra pas dépasser de son vivant. Il est probable que les allégories du dernier livre l'auraient fait brûler vif, comme Dolet ou Berquin, malgré les plus hautes protections. Pourtant, Rabelais ne prend pas position pour Genève contre Rome. A la première réforme, celle de Lefèvre d'Étaples, de Briçonnet, de Roussel, du « groupe de Meaux », qui jouissait de l'appui de Marguerite, ont succédé les Luther, Calvin, Zwingli, Farel et autres démoniacles, qui allumeront à leur tour des bûchers au nom du Christ : il n'y a plus place pour les humanistes dans ce déchaînement de fureurs collectives. Rabelais, de plus, a répété cent fois qu'il était prêt à soutenir la vérité jusqu'au feu exclusivement. Son porte-parole est ici Panurge, qui s'écrie : Combattre Carême-Prenant, de par tous les diables, je ne suis pas si fou et si hardi à la fois. Quid juris si nous nous trouvions enveloppés entre Andouilles et Carême-Prenant, entre l'enclume et le marteau ?

Pourquoi Rabelais appelle-t-il les Réformés, et plus précisément les calvinistes de Genève, des Andouilles ? Quel rapport voit-il entre l'austère calvinisme et les grasses Andouilles,

L'Église romaine

les gros Boudins ? Du point de vue des théologiens, aujourd'hui encore, Rabelais vise ici le protestantisme au cœur : le calvinisme tendait à instituer le Royaume de Dieu sur terre. Lorsque Rome désavoua les Jésuites qui avaient constitué au Paraguay un État indien idéal, ce fut pour avoir donné dans l'essence même de l'hérésie calviniste. L'humilité des calvinistes était la suivante : on ne peut être sauvé par les œuvres, seule la grâce de Dieu est agissante et elle est, en quelque sorte, gratuite. L'orgueil prenait sa revanche sur le plan

... et le Pape (gravures extraites des Songes drôlatiques de Pantagruel)

terrestre : la richesse, le succès, l'accès aux honneurs dans
la cité constituaient autant de preuves visibles de l'action
de la grâce, donc de la particulière protection divine à l'égard
de ses élus. L'orgueil catholique était inverse : on peut faire
son salut par les œuvres, Dieu nous doit en quelque sorte
le salut en échange et pour récompense de nos actes. L'humilité était également l'inverse de la protestante : les biens de
ce monde ne sont rien. La position protestante sur la grâce
alimentera le jansénisme, et toutes les querelles religieuses

du XVIIe siècle tourneront encore autour de ce problème. On ne peut même pas escamoter les conséquences, dans le monde moderne, de ce très vieux débat. Aujourd'hui encore, les nations protestantes sont infiniment plus riches que les catholiques, non que le protestantisme ait provoqué leur enrichissement, mais parce qu'il a fourni des arguments religieux à ceux qui avaient des aptitudes naturelles peut-être supérieures de s'organiser et de s'enrichir. Ainsi Genève était déjà une ville très commerçante au XVIe siècle : le portrait qu'en fait Rabelais est identique à celui qu'en fera Stendhal trois siècles plus tard. Parlant de l'humilité chrétienne, de la médiocrité, Rabelais note : *Les Genevois ne font pas ainsi quand le matin, après avoir dans leurs écritoires et cabinets, discouru, propensé et résolu de ce qui et desquels ils pourront, ce jour, tirer de l'argent et qui, par leur astuce, sera dépouillé,*

Satire de Calvin, le « prétendu réformé »
(cathédrale Saint-Sernin, Toulouse)

Luther, Calvin, Wyclif, Huss et autres « démoniacles »
(émail d'un artiste protestant du XVIᵉ)

volé, *trompé, ils sortent sur la place et, s'entre-saluant, disant :*
« *Santé et gain, messire !* » *Ils ne se contentent pas de la santé,*
ils souhaitent en plus le gain. D'où il advient qu'ils n'obtiennent
souvent ni l'un ni l'autre. Au XIXᵉ siècle encore, la pauvreté
était une sorte de fléau à Genève, et il en est resté des traces
dans le puritanisme anglo-saxon, disons, jusqu'au début de
ce siècle. On voit ici la profondeur de jugement de Rabelais :
il va droit au malentendu religieux qui va donner bonne conscience à la richesse, en plein XVIᵉ siècle, dans une ville mar-
chande et prospère. La doctrine de Rabelais, ici, n'est pas
non plus celle d'une sanctification de la pauvreté. Sa doctrine,
c'est cette *aurea mediocritas* qui lui sert de clé pour déchiffrer
même les mythes les plus profonds. C'est pourquoi il reproche
aux Andouilles d'être trop grasses et à Carême-Prenant d'être
trop maigre. Nous verrons l'oracle de la *Dive Bouteille* tourner également autour de ce thème des richesses.

Mais les Andouilles dûment écrasées, venons-en aux Papimanes qui habitent l'Ile de Papimanie, comme il se doit.
A peine nos voyageurs ont-ils débarqué :

- *L'avez-vous vu ? lui crient tous les habitants.*

Panurge répond qu'il en a vu trois (Rabelais avait vu trois
papes, Clément VII, Paul III et Jules II).

- *Comment ? s'écrient les Papimanes. Nos sacrées décrétales*
chantent qu'il n'y en a jamais qu'un vivant.

Panurge répond qu'il les a vus successivement. Homenaz,
évêque de Papimanie, leur baise les pieds, et tout le peuple,
hommes, femmes, petits enfants, viennent au-devant des voyageurs en procession, et les mains jointes vers le ciel en criant :
O gens heureux, O bienheureux ! Les repas sont fins et abondants,
servis par de belles jeunes filles, *savoureuses, blondelettes,*
doucettes.

On sait que les décrétales sont des lettres par lesquelles
le pape, résolvant une question qui lui est soumise, donne,
à l'occasion d'un cas particulier, une solution applicable à
tous les cas analogues. Parfois on en produisait de fausses
pour créer des précédents favorables. Rabelais s'élève contre
ces décrétales, parce qu'elles tirent à Rome l'or de France.
Bon gallican, il soutient la politique du roi. Tour à tour
frère Jean, Ponocrates, Eudémon, Gymnaste citent des exemples du pouvoir satanique et maléfique desdites décrétales.
A chaque fois Homenaz répond par : *Punition et vengeance*
divines, vengeance et punition divines. Car ce sont *les divines,*
les sacrées, les saintes, les belles décrétales qui mènent le monde.

Qui fait le Saint-Siège apostolique en Rome de tous temps et aujourd'hui tant redoutable en l'univers qu'il faut, ribon, ribaine, que tous rois, empereurs, potentats et Seigneurs dépendent de lui, tiennent de lui, par lui soient couronnés, confirmés, autorisés, viennent là s'aboucher et se prosterner en la mirifique pantoufle de laquelle vous avez vu le portrait ? Belles décrétales de Dieu.

Le *Quart Livre* se termine (à peu près) sur une apologie de Gaster qui, pour se nourrir, inventa tous les arts. *Dès le commencement il inventa l'art de forger le fer, et l'agriculture pour cultiver la terre, afin qu'elle produisît le grain. Il inventa l'art militaire et les armes pour défendre le grain, la médecine et l'astrologie avec les mathématiques nécessaires pour mettre le grain en sûreté...* Cette conception de la société et de la vie économique a eu une féconde postérité tant chez les économistes du XVIIe siècle que chez les philosophes. Rabelais, lui, en profite pour s'en prendre aux gastrolâtres qui *sacrifient à leur dieu ventripotent.* L'épisode de Gaster se termine par le beau passage sur le coq et le sureau, déjà cité et, comme par hasard, c'est un des rares passages de l'œuvre de Rabelais où il se sent obligé d'expliquer les symboles...

Il est étonnant que le *Quart Livre* ne se termine pas sur une de ces élévations spirituelles, de ces silences ou de ces brusques dévoilements d'un sens très profond qui caractérisent l'architecture des trois premiers livres. Peut-être les avatars de ce *Quart Livre* en sont-ils la cause. Du point de vue artistique, il y a là une lacune grave, tout à fait inexplicable. Consolons-nous de cette fin assez plate, dont il n'y a décidément rien à dire : le *Cinquième Livre* nous réservera des surprises compensatoires.

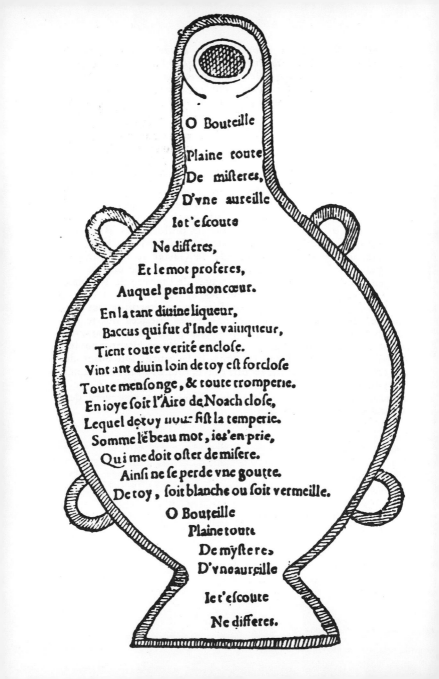

O Bouteille

Plaine toute

De misteres,

D'vne aureille

Iet'escoute

Ne differes,

Et le mot proferes,

Auquel pend mon cœur.

En la tant diuine liqueur,

Baccus qui fut d'Inde vainqueur,

Tient toute verité enclose.

Vin tant diuin loin de toy est forclose

Toute mensonge, & toute tromperie.

En ioye soit l'Aire de Noach close,

Lequel de toy nous fist la temperie.

Somme lé beau mot, ie'en prie,

Qui me doit oster de misere.

Ainsi ne se perde vne goutte.

De toy, soit blanche ou soit vermeille.

O Bouteille

Plaine toute

De mysteres

D'vne aureille

Iet'escoute

Ne differes.

« SOYEZ VOUS-MÊME INTERPRÈTE
DE VOTRE ENTREPRISE »

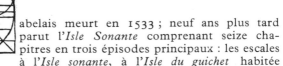

abelais meurt en 1533 ; neuf ans plus tard parut l'*Isle Sonante* comprenant seize chapitres en trois épisodes principaux : les escales à l'*Isle sonante*, à l'*Isle du guichet* habitée par les *Chats fourrés*, et à l'*Isle des Apédeftes*. En 1564 paraissait *Le cinquiesme et dernier livre des faits et dicts héroïques du bon Pantagruel, composé par Me François Rabelais, docteur en médecine. Auquel est contenu la visitation de l'oracle de la Dive Bacbuc et le mot de la Bouteille pour lequel avoir est entrepris tout ce long voyage.*

Cette édition ne comprenait ni nom de lieu ni d'imprimeur, et reproduisait avec de menues variantes les seize chapitres de *l'Isle Sonante*. Les navigateurs font relâche à l'île d'Outre, sont reçus à la cour d'Entéléchie, reine de la Quinte-Essence, à l'île d'Odes, au pays des frères fredons, au pays de Satin. Enfin, ils abordent à l'île de la Dive Bouteille, où Panurge reçoit le mot de l'oracle.

Des doutes se sont élevés quant à l'authenticité de ce livre. Ils sont pratiquement dissipés aujourd'hui. Rabelais était seul, dans son siècle, à pouvoir écrire tels épisodes du *Cinquième Livre*, celui de l'âne et du roussin par exemple. Si d'autres passages, tel le chapitre XXIV qui semble illustrer une partie d'échecs, sont extrêmement faibles, c'est sans doute que Rabelais n'avait pas eu le temps de les mettre au point.

La Dive Bacbuc (illustration extraite du **Pantagruel***)*

Quel est l'écrivain qui ne serait pas desservi par la publication posthume d'un manuscrit dont il serait seul à connaître le degré d'achèvement ? Les passages travaillés, par contre, nous livrent les derniers éclairs du génie de Rabelais : inventions toutes nouvelles et fécondes. L'authenticité globale ressort d'ailleurs de ce passage où la *mie du grand maître Pierre Lamy* est choisie comme lanterne pour guider les voyageurs. Anatole France note très justement : « Qui a pu rappeler dans cette docte allégorie la mémoire, vieille de quarante ans, du jeune moine qui partagea, dans l'abbaye de Fontenay, les études et les périls de frère François et qui consulta les sorts virgiliens pour savoir s'il devait craindre les farfadets ? Quel autre que Rabelais a pu payer ainsi à l'ami des jeunes années le tribut du souvenir ? »

On a découvert au milieu du XIXe siècle, à la Bibliothèque Nationale, un manuscrit incomplet du *Cinquième Livre*. L'examen critique complet des variantes des trois textes n'a été fait que pour les chapitres de l'*Isle Sonante* par M. Jacques Boulanger, mais cela suffit pour que nous sachions que l'*Isle Sonante* et le manuscrit de la Bibliothèque Nationale dérivent d'un même brouillon, et que l'édition de 1564 constitue une troisième copie. On suit donc maintenant le texte de 1562, puis celui du manuscrit, qu'on est obligé de compléter, en raison de ses lacunes, à l'aide de l'édition de 1564.

Ces détails sont importants parce qu'ils nous apprennent que Rabelais travaillait constamment, qu'il prenait de l'avance, qu'il possédait de nombreux brouillons, que les textes publiés par lui étaient très retravaillés et minutieusement mis au point ; qu'après un premier jet, qui pouvait le mener jusqu'au terme d'un livre, il revenait sur ses pas, mettait la dernière main à tel chapitre, en polissait tel autre. Cette méthode se laissait déjà deviner par la publication séparée des deux premiers chapitres du *Quart Livre*. L'édition de 1562 *(L'Isle Sonante)* constitue la partie la plus achevée du *Cinquième Livre*.

Le fait que le livre entier n'ait pas paru par les soins de Rabelais donne naturellement plus d'importance aux circonstances historiques de sa parution. Car ceux qui s'en chargèrent se préoccupèrent plus des répercussions politiques de cette publication que de l'œuvre d'art qu'ils avaient entre les mains. C'est ce qui explique l'édition tronquée de 1562, l'année de la première guerre civile déchaînée par les passions religieuses. Or les premiers chapitres du *Cinquième Livre* sont d'une violence contre la papauté jamais atteinte, même au *Quart Livre*. *L'Isle Sonante* résonne d'une perpétuelle sonnerie de ces cloches abhorrées par Rabelais. Elle est peuplée d'oiseaux en cage qui ne diffèrent des hommes que par le plumage, *lequel aucuns avaient tout blanc, autres tout noir, autres tout gris, autres mi-parti de blanc et bleu. Ils se nomment Clergaulx, Moinesgaulx, Prestregaulx, Abbegault, Evesgaux, Cardingaux et Papegault... les femelles Clergesses, Monegesses...* Panurge demande ce qui *mouvait ses oiseaux ainsi sans cesse chanter.* Aeditus lui répond que *c'étaient les cloches pendantes au-dessus de leurs caiges.*

- *Voulez-vous que présentement je fasse chanter ces oiseaux bardocuculés...*

- *De grâce, répondîmes-nous. Lors sonnera une cloche six coups seulement : et Moinesgaulx d'accourir, et Moinesgaulx de chanter.*

Pantagruel veut voir Papegault, qui ne se laisse pas voir facilement. Mis en sa présence, Panurge s'écrie :

- *En mal an soit la beste ! Il semble une duppe* (il veut dire une huppe, à cause de la tiare).

- *Parlez bas, lui dit Aeditus, s'il vous entendait blasphémer, du bassin qui est à ses pieds sortiraient foudre, tonnerre, éclairs, diables et tempêtes...*

Il faut imaginer comment un texte équivalent serait reçu encore aujourd'hui pour comprendre qu'il était impubliable du vivant de Rabelais : seule la guerre civile, redisons-le, en permit la publication. L'épisode des *Chats-fourrés* venait également à point nommé pour servir la rancune des protestants contre le Parlement de Paris, lequel avait fait obstruction à l'édit de Michel de l'Hospital accordant la liberté du culte aux Réformés. Les Chats-fourrés sont les magistrats, *bêtes moult horribles et épouvantables qui mangent les petits enfants... et portent pour symbole et devise une gibecière ouverte.* Leur chef Grippeminault, répète sans cesse : *Or ça, or ça,* en tendant sa gibecière pour qu'on y jette des écus.

Quant à l'*Isle des Apédeftes*, c'est une satire du fisc : ces gens-là ont inventé une *presse extraordinaire où ils peuvent mettre des maisons, des prés, des champs, des châteaux, pour en faire suer de l'or.* Car ils sont capables de *tirer de l'huile d'un mur.*

On voit que Rabelais, retiré dans sa solitude, ayant résilié ses cures pour des raisons qu'on ignore, conduit son art sur des voies nouvelles ; il va donner à la satire une dimension inconnue. Certes, il avait déjà utilisé l'allégorie satirique, mais dans le *Quart Livre*, il s'agit encore d'un art très allusif. Pour la première fois, voici qu'il entre carrément dans l'imaginaire, en prenant l'allégorie au pied de la lettre. Le lecteur n'est plus convié dans un univers parallèle au réel, relié à lui par des connexions voyantes ; il est transporté dans le fantastique. Et l'auteur y poursuit son chemin, imperturbable. Il fallait un génie glacial, dans un triste pays de brume, il fallait Swift pour mener le procédé à sa perfection. Chez Swift, nous débarquerons dans une île peuplée de chevaux, et l'auteur nous y promènera en prenant grand soin de nous faire croire que nous sommes vraiment dans une société de chevaux ou de singes, affectant de ne jamais s'apercevoir de la double dimension de son exploration.

Le bon Rabelais gardera jusqu'à la mort la faiblesse de sourire et sans renoncer aux allusions transparentes. Ainsi les noms d'Evesgaux, Papegault, sont trop clairs, de même la description des plumages : l'allégorie n'est encore qu'un artifice dont la nécessité ne s'impose pas. Mais ces cloches, par contre, qui font chanter les oiseaux, nous transportent déjà dans une véritable société animale, comme chez Swift. C'est pourtant l'Anglais qui taillera le diamant noir du réalisme retrouvé et intégré à l'allégorie la plus délibérément fantastique, et ce sera l'humour noir, dont Rabelais n'est ici que le génial précurseur.

Une autre découverte de Rabelais dans ce *Cinquième Livre* est de faire ruisseler un texte d'écus et d'hypocrisie par l'emploi constant du mot *or* pris en dehors de son sens. Grippeminault ne relâchera les voyageurs que contre espèces sonnantes et trébuchantes, mais il ne peut ouvertement - il est magistrat - demander de l'or. Il tend donc sa gibecière sans en avoir l'air, en émaillant son discours de *or ça, or ça, or ça*. Panurge répond en émaillant le sien de *or par le diable, or de par le diable là*. Lorsque enfin Panurge jette une bourse d'écus, Grippeminault change le *or ça*, en *or bien*. Le dialogue des deux compères dont ni l'un ni l'autre n'ose appeler un chat un chat jusqu'à ce que Panurge, délesté de sa bourse, s'écrie enfin : *C'est de l'or, je dis des écus au soleil*, est d'un effet obsédant et burlesque dont je ne vois pas d'équivalent.

Mais, à partir de là, il semble que l'obsession du mot tourne mal pour Rabelais : dans l'île d'Outre, les habitants crèvent comme des outres et nos voyageurs passent outre. Au royaume de la *Quinte-Essence*, on fait des lanternes avec des vessies, des poêles d'airain avec des nuages et l'on garde

« *Au royaume de la Quinte-Essence, on fait des lanternes avec des vessies, des poêles d'airain avec des nuages...* » *(Brueghel, L'orgueil, détail)*

hippocrates

Isocrates

la lune des loups : on se souvient que ces activités étaient déjà énumérées parmi celles de Gargantua enfant. N'en concluons pas que l'auteur retombe en enfance, bien qu'il nous emmène encore dans l'île d'Ode où les chemins marchent, parce *qu'ils vont à la paroisse, à la ville, à la rivière* comme des tapis roulants. Mais Rabelais se désempêtre des jeux de mots de l'île d'Ode (de odos, route) pour faire une étrange remarque : *Séleucus prit l'opinion dans cette île d'affirmer que la terre se meut véritablement et tourne sur ses pôles, non le ciel, bien que le contraire nous semble être la vérité. Étant sur la rivière de Loire, il nous semble que les arbres voisins se meuvent. Toutefois ils ne se meuvent pas, et c'est nous qu'emporte le décours du bateau.*

Le système de Copernic date de 1543. Mais jusqu'à la fin du XVIIIe siècle les petits livres de cosmographie à l'usage des écoles enseignent encore le système de Ptolémée. Il faut attendre un siècle pour que les philosophes commencent à tenir compte de la découverte de Copernic. Rabelais mentionne l'hypothèse de Séleucus parce qu'il est très érudit, mais cela ne va pas plus loin. D'ailleurs il cite Séleucus, non Copernic, et passe outre à son tour.

Par contre, ce qui arrive au pays de Satin où *nous vîmes Ouï-dire tenant école de tesmongnagerye* (témoignages) est beaucoup plus sérieux. Autour d'un vieillard nommé *Ouïdire*, tous devenaient savants en peu d'heures et parlaient de choses qu'il faudrait une vie entière pour connaître. A la manière de Lucien visitant les enfers, Rabelais énumère tous les grands savants de l'Antiquité qui avaient tout *appris par ouï-dire.*

Pour nous qui avons vu comment Rabelais explore et conquiert son langage dès le *Pantagruel,* et qui devinons de quel silence part cette étrange rivalité des mots avec les choses, nous ne nous étonnerons pas outre mesure. Tout de même, nous ne demandions pas à l'humaniste, à l'helléniste, au latiniste de la Renaissance de révoquer en doute l'autorité de Philostrate, de Strabon, d'Hérodote, de Pline. Le bon Rollin n'en doutait pas encore sous Louis XIV ! Taumaste est passé par là. Il y a un immense silence sous le Niagara rabelaisien. N'oublions pas, Maître François nous le rappelle, que *le silence des Égyptiens était reconnu comme louange divine et, dans Hiéropolis, les pontifes sacrifiaient au grand Dieu en silence, sans bruit et sans mot dire.*

Mais voici que nous arrivons à l'oracle de la *Dive Bouteille* : une sage lanterne (l'amie de Pierre Lamy) conduit nos voyageurs. Le caractère ésotérique de l'entreprise devient tout à fait évident, mais comment en déchiffrer le sens ? Rabelais n'a pu mettre parfaitement au point la fin de son livre. Des passages entiers ne sont que la traduction du *Songe de Polyphile*, tel paragraphe est entièrement extrait des *Antiquæ Quæstiones* de Cælius Rhodiginus. On sent que Rabelais a mis au point certains passages, en a laissé d'autres dans la confusion : par contre le *tempo* y est, les grandes masses sont en place, de sorte que le déroulement des derniers chapitres donne l'impression d'un large fleuve dont l'auteur n'avait plus qu'à purifier les eaux.

Dans les dernières pages, où Panurge aura le mot de la *Dive Bouteille*, il y a un curieux mélange de symboles spirituels évidents, traditionnels dans la mythologie grecque et de moqueries à l'égard des oracles. Les significations mystiques ne sont pas toutes à prendre au pied de la lettre : Rabelais les accumule comme à plaisir, par goût du savoir, car il ne se départ pas de la passion de faire étalage de ses connaissances. Celles auxquelles il tient, parce que le sens spirituel lui en paraît important et qu'il y acquiesce visiblement, il les souligne presque toujours. Les ironies sont également soulignées, quoique plus discrètement. Mais entrons un peu dans ce labyrinthe.

Pantagruel et ses compagnons passent d'abord par un grand vignoble fait de toutes espèces de vignes et portant en toute saison feuilles, fleurs et fruits. Il s'agit évidemment du jardin spirituel de l'oracle, qui doit porter des fruits en toute saison parce qu'il ne doit pas y avoir de saison dans la vie spirituelle de l'homme. On trouve un équivalent de ce thème mystique dans l'épisode des Écritures où le Christ décapite un figuier stérile. « Or ce n'était pas la saison des fruits », constate placidement l'Évangéliste.

La lanterne ordonne ensuite à chacun de mettre des pampres dans ses souliers et de tenir dans sa main gauche un rameau vert. Rabelais s'explique sur la signification du pampre. Il s'agit de passer sous un arc couvert de grappes : *La raison (dit notre préclaire lanterne) était mystique. Car y passant, aurait le vin (ce sont les raisins) au-dessus de la tête et semblerait être comme maîtresse et dominé du vin, pour signifier que les pontifes et tous personnages qui s'adonnent et dédient en contemplation des choses divines doivent en tranquil-*

lité leurs esprits maintenir hors toute perturbation de sens, laquelle plus est manifestée en ivrognerie qu'en autre passion, quelle que soit. Vous pareillement en temple ne serez reçu de la Dive Bouteille, sinon que Bacbuc, le noble pontife, vit de pampre vos souliers pleins : qui est acte de tout et par entier diamètre contraire au premier et signification évidente que le vin vous est en mépris et par vous dédaigné et subjugué ! Voici donc une signification initiatique vigoureusement expliquée et qui interdira toute interprétation vulgaire du mot de la *Dive Bouteille.* Frère Jean revient encore sur la question et se déclare satisfait de cette interprétation. Quant au rameau vert et aux trois grains de raisin (au lieu de blé) ils constituent des allusions à la tenue exigée des candidats au dernier degré de l'initiation aux mystères d'Eleusis.

Puis nos voyageurs descendent sous terre par un arceau peint d'une danse de femmes et de satyres. Plusieurs oracles antiques, notamment ceux d'Asclépios, faisaient descendre les voyageurs sous terre. Les marches pour y descendre sont en nombre conforme *à la vraie psychogonie de Platon, tant célébrée par les Académiciens et tant peu entendue.* Rabelais, ici, ne fait qu'entasser des éléments initiatiques sans y chercher de sens : il est content de connaître un fait, et de le mettre en place. D'ailleurs nous rentrons pour un court instant dans le roman : Panurge à nouveau meurt de peur, et c'est la scène classique avec Frère Jean qui tient notre poltron au collet. Finalement, Panurge, apprenant qu'il ne peut retourner sur ses pas, s'écrie : *J'ai du courage tant et plus : vrai est que le cœur me tremble, mais c'est pour la froideur...* Mot devenu historique...

A Panurge qui va entendre le mot de la Bouteille, Bacbuc recommande :

- *Mon ami, je n'ai à vous faire qu'une instruction : c'est que, venant à l'oracle, ayez soin de n'écouter le mot que d'une oreille.*

Ces ironies à l'égard des oracles et de leurs réponses à n'entendre que d'une oreille, préfigurent la réponse exceptionnelle qui va être faite par cet exceptionnel oracle.

La prêtresse revêt Panurge de l'habit des néophytes admis aux Mystères, le conduit (enfin) dans un temple construit de telle sorte que *la lumière semblait dedans naître, non venir du dehors.* Et Panurge doit s'asseoir *entre deux selles, le cul à terre.* La prêtresse jette dans la fontaine une poudre qui la fait bouillir et murmurer comme une ruche d'abeilles.

Alors on entend le mot *Trinch*, ce qui signifie *Bois* en alle-mand. Panurge croit que c'est le bruit qu'a fait la bouteille en éclatant : *Allons (dit Panurge) de par Dieu! J'en suis aussi sage que antan. Éclairez où est ce livre. Trouvez où est ce chapitre. Voyons cette joyeuse glose.*

Mais Bacbuc assure Panurge que l'oracle a prononcé le mot le *plus joyeux, le plus divin, le plus certain* qu'elle ait jamais entendu. En fait de glose, elle fait boire une bouteille à Panurge et lui explique que *Trinch* est un mot *panomphée célébré et entendu de toute nation. En vin est vérité cachée. La Dive Bouteille vous y envoie, soyez vous-même interprète de votre entreprise.*

- Possible n'est, dit Pantagruel, mieux dire que fait cette vénérable pontife. Autant vous en dis-je lorsque au commence-ment m'en parlâtes. Et les visiteurs ayant bu, entrent en trans-ports non plus bachiques, mais poétiques — ils sont initiés au sens dionysien du mythe, ils sont possédés de Dionysos, comme on l'entendait à Eleusis à l'apogée du culte de ce dieu. Même Frère Jean se met à parler en vers. Quel est donc le sens de *Trinch* ? Que faut-il boire ? Le vin du savoir, dans les livres symbolisés par la bouteille ? Certes c'est l'idéal des humanistes, et il est nettement souligné, ce rapport entre les bouteilles et les livres. Mais surtout, ce *Bois* symbolise une prise de possession du monde beaucoup plus universelle et variée. Toutes les activités de l'homme, les explorations de Jacques Cartier comme les recherches sur les plantes ou les travaux des architectes participent de cet immense et naïf optimisme de la Renaissance : c'est vraiment l'époque ou l'homme *boit* le monde, c'est l'aube de la croyance moderne au progrès. Rabelais y a cru : tout grand écrivain est une croi-sade vivante, et d'autant plus authentique qu'elle est arrachée au silence. Le vin donne ce courage et cette force. Il procure l'ivresse dionysiaque (créatrice) d'être soi-même interprète. La prêtresse y insiste : l'éthymologie de *vin* serait « *vis* », force. Et pour être soi-même interprète, il ne faut écouter les oracles que d'une oreille. A travers l'oracle, il était iné-vitable que Rabelais exprimât aussi inconsciemment sa mytho-logie propre d'écrivain.

C'est pourquoi nous retrouvons dans l'oracle une des constantes de Rabelais, l'anticléricalisme — le mot est natu-rellement anachronique, mais commode — et l'évangélisme. Il s'agit bien d'une sorte de réplique oraculaire à l'Abbaye de Thélème, avec la même devise *Fais ce que voudras.* Aussi la pontife Bacbuc se vante-t-elle de ce que l'oracle de la *Dive Bouteille* établisse le *Bien souverain non à prendre et à recevoir, mais à élargir et donner*. Et la *Papimanie* n'est pas épargnée : *Heureux nous estimons, non si d'autrui prenons et recevons beaucoup, comme par aventure décrètent les sectes de votre monde, mais si à autrui toujours élargissons et donnons beaucoup.* C'est une Bacbuc très fidèle à Erasme et à Rabelais, et qu'il faut soupçonner d'être aussi *soi-même interprète* des Évangiles...

C'est d'ailleurs à la sagesse humaine que notre vaticinante Pontife en revient maintenant avec des conseils magnifiques : *Deux choses sont nécessaires,* dit-elle, *à la connaissance divine et chasse de sapience : guide de Dieu et compagnie d'hommes.* Et il faut y ajouter le *Temps*, car par lui *seront toutes choses latentes inventées.* Par l'écoulement du Temps, les hommes s'apercevront infailliblement que *tout le savoir d'eux et de leurs prédécesseurs à peine être la minime partie de ce qui est, et ne le savent.* Bref, il y a plus de choses dans le ciel et sur la terre. Raison de plus pour aller de l'avant. *Vos philosophes qui se plaignent toutes choses être par les Anciens décrites, rien ne leur être laissé de nouveau à inventer, ont tort trop évident.*

Que penser de ce testament spirituel tronqué ? On a dit de Pascal que sa mort, faisant de *l'Apologie* les *Pensées*, a produit le vrai chef-d'œuvre, celui où la mort affiche la plus poignante présence. Pour le lecteur de Rabelais, ce chantier, dans l'étrange désordre où la mort l'a laissé, n'est pas décevant. L'impression de trouver, un peu en vrac, des papiers que Rabelais avait commencé à mettre en ordre nous fait mieux pénétrer que tout le reste dans l'intimité de Maître François. Et puis, dans ce désordre, quelle profusion de richesses : il y a Dieu et les hommes, le Temps et notre intime liberté, notre immense ignorance et notre immense avenir. C'est assez pour que nous trouvions très grand cet infatigable explorateur, qui, à force d'explorer les mots et les choses du ciel et de la terre, a fondé à son tour un empire, qu'on appelle tout simplement Rabelais.

erons-nous autorisés à conclure le jour même du Jugement Dernier ? Je ne le crois pas. Mais, dans les appareils à sous, si la boule est lancée avec adresse, elle allume sur son parcours ces lampes multicolores où nous lisons des chiffres de plus en plus astronomiques. Nous voudrions que le lecteur, lancé à travers Rabelais, allumât pareillement des feux sur son passage et parvînt jusqu'à l'oracle obscur qui le rendra millionnaire.

Revenons rapidement sur le tracé féerique ; les feux, aux relais du pantagruélisme, ne présentent pas tous le même éclat. Les plus beaux ne sont d'ailleurs pas les plus voyants. Il en est qui échappent à l'expression directe — le symbole les reflète, l'allusion les suggère. Il serait futile de nier une manière de quatrième dimension d'un écrivain qui, lorsque l'inspiration la plus haute le transporte, s'arrête dans un silence brusque, au bord de l'indicible.

Mais Rabelais, c'est aussi la volonté propre à la Renaissance de tout embrasser, nos corps et nos ombres, nos pouvoirs et nos songes. Ce disciple d'Hippocrate et de Galien, médecin philologue, pratique pourtant la dissection ; ce maître de l'allusion spirituelle se délecte de la description réaliste ; ce passionné de ruines antiques, de botanique, de lois, de linguistique, de navigation, d'oniromancie, d'alchimie, a su mener la flotte pantagruéline tout entière à l'oracle. Ce n'est plus à la manière de Dante, dont la création est tout entière visionnaire — c'est à la manière de la Renaissance, où il s'agit de charrier le profane avec le divin et de les porter ensemble au spirituel. Car Rabelais participe de l'écartèlement de la conscience moderne. On devine chez lui ces tempêtes cachées, ce chaos menaçant, ces victoires difficiles des grands esprits de la Renaissance. Mais, comme Vinci ou Raphaël, il reconquiert le message des dieux au milieu du torrent profane. D'où ces alternances étranges de son œuvre, où les débauches de mots, l'entassement des connaissances, les orgies de réalisme font place soudain au silence inspiré du visionnaire. Frère Jean se lance à l'assaut des ennemis, proclame l'inutilité des prières, et soudain le livre se termine sur ce message, qui sera repris par Pascal, que tout est matériel aux matériels, et que le spirituel n'est vu que par les spirituels. Au fort de la tempête, à nouveau, Frère Jean a le beau rôle — mais au chapitre suivant, quelques mots nous révèlent qu'il s'agissait d'une tempête à signification ésotérique. Quoi de plus probant encore que les chapitres sur Messer Gaster ? Mais voici que l'apologue du chant du coq nous rappelle une profonde symbolique. Ce vieillard *Ouï-dire* n'incarne-t-il pas la tradition perdue, trahie, devenue verbiage, la vraie prière opposée à cette « dérision de Dieu » que sont les prières mécaniquement marmonnées par les moines ? Et ce Pantagruélion qu'on trouve partout, origine et fin de toutes choses, sorte de *materia prima*, qu'en penser chez un homme pour lequel l'alchimie n'avait pas perdu son sens ? Dans l'apparent désordre des chapitres concernant l'oracle, les symboles universels du vin, du blé, de la descente aux enfers sont rappelés — nous sommes en pleine initiation — en un temps où l'unité spirituelle a éclaté en un savoir impossible à rassembler.

Mais c'est à l'art d'écrire de Rabelais qu'il faut en venir, car c'est dans son style, dans son style d'abord que s'inscrit sa haute entreprise. La critique marchante d'aujourd'hui interprète déjà l'Histoire d'une manière plus nuancée et subtile qu'au XIXe siècle, mais c'est en comprenant la création littéraire comme un exercice spirituel où la *forme* joue le rôle essentiel qu'elle se montrera vraiment neuve et indépendante. Au XIXe siècle, on n'a guère étudié le style de Rabelais que pour le trouver abondant, pittoresque, vivant. Pour nous, il s'agit de dévoiler dans l'écriture d'un grand écrivain son comportement original, son message le plus allusif, un affleurement de l'inconscient le plus secret, cet « au-delà de la parole » enfin, où Proust voyait l'essentiel d'un auteur. Or Rabelais est le premier écrivain français pour lequel les mots sont une matière, qui donne une réalité aux mots en tant que *choses* — non seulement en tant que *sens*. Il est évident qu'un tel comportement *signifie*, au plus profond. L'univers rabelaisien porte témoignage, par le style, d'une rivalité gargantuesque avec la matière, d'une victoire sur elle par une prolifération créatrice, d'une tentation fabuleuse et à demi-inconsciente d'embrasser enfin cette Création tout entière par la parole. Tout le réel doit se réfracter dans un langage tentaculaire. La matière du monde se fera matière verbale — cette transmutation est le signe fondamental de la victoire de l'esprit. Le style sera le lieu de rencontre, dans un prisme, des pouvoirs et des possessions symboliques de l'auteur. Cette réduction du monde au *Logos* est proliférante, joyeuse, titanesque ; cette fabuleuse rivalité avec la matière est porteuse de vie. Pour Rabelais, toute parole est lumière, tout vocabulaire porte une liberté, une vérité, une victoire originelle sur les ténèbres.

Certes, l'époque y est pour quelque chose : une primauté presque angoissée de la parole est sous-jacente à toute la Renaissance. Pour les humanistes, éblouis par les textes de l'Antiquité retrouvée, le Moyen Age apparaissait comme une sorte de royaume du silence. Les textes étaient rares, interpolés : on découvrait soudain que tout était perdu irrémédiablement de ce qui n'avait pas été sauvé par la parole. Si toute la Renaissance est une résurrection de l'empire du style conçu comme condition même de l'esprit, Rabelais, pour sa part, triomphe de cette hantise du mutisme par une surabondance cataclysmique, qui doit détruire, avec le silence, le vide même du monde. Mais par quels moyens ?

Par l'énumération, parfois. Il semble bien alors que, se jetant à corps perdu dans la mêlée des mots, il s'épuise à remplir le tonneau des Danaïdes : ce sont les explorations aux confins du vocabulaire, les recensements inlassables, comme s'il ne fallait laisser inculte aucune parcelle de l'Empire verbal. Notre auteur semble soudain renoncer à toute transfiguration par le style, à toute joie et élévation pour se transformer en dictionnaire acharné : il nous énumère les plats servis à tel banquet, les jeux auxquels s'adonnait Gargantua enfant. Décrivant l'anatomie de Carême-Prenant quant aux parties externes, il nous apprend dudit qu'il avait les orteils comme une épinette accordée, les ongles comme une vrille ;

suivent une soixantaine de parties, toutes comparées aux objets les plus précis. Il y a là un point limite de la volonté de tout embrasser. Mais c'est aussi un travail de bûcheron qui compte les arbres de sa forêt et se réapprovisionne.

Nous avons montré tout au long des cinq Livres les options fondamentales de Rabelais devant le langage. Nous n'y reviendrons pas. Notons seulement que Rabelais n'est pas un écrivain pittoresque, folklorique, même élaboré : sa richesse et sa truculence travaillent le langage comme une matière, le fabriquent de toutes pièces, lui donnent la densité et la consistance des choses. Il s'agit d'opposer au monde un univers de sons, à l'instar du peintre qui propose des couleurs, non des objets. Ainsi le grand écrivain met au monde une matière nouvelle, et c'est à travers elle qu'il impose un univers nouveau. Une sorte d'assomption de la matière s'accomplit chez Rabelais lorsqu'il a compris qu'on peut parler avec des sons, suggérer un sens à partir de la chair des mots. Il faudra attendre Hugo, Joyce, Valéry pour retrouver cela. Le passage de la forme au fond se fera par contamination verbale, suggestion contenue : des mots exploratoires créeront l'atmosphère, mettront un halo psychologique autour de l'objet, de sorte que le lecteur, lorsqu'il butera sur cet objet, sera déjà circonvenu, la matière du mot ayant déjà tout dit à son inconscient avant qu'il ait pris son sens propre. Qu'on songe à la nouveauté que représentait au siècle de Rabelais une manière de suggérer la stupidité à partir, par exemple, du mot *Sorbonne* : avec une sorte de flair verbal, Rabelais en extrait une suggestion irrésistible, contenue dans *sorbinotant*, *bornisortant*, et aussitôt nous voyons quelque cachochyme crachotant une science bornée. L'idée est empruntée au son : la lave torrentielle des mots absurdes est transcendée par le pétrisseur qui les refait. Rabelais est le premier, chez nous, qui se soit colleté avec cette réalité fondamentale de l'écrivain : un langage-matière.

A partir de là, est-il possible de deviner le rôle littéraire que joue, dans la création rabelaisienne, telle vision théologique et quelle fonction créatrice cette théologie remplissait, dans le souffle, la structure, la ferveur propres de l'œuvre ? Si le problème de la sincérité religieuse de l'écrivain est si difficile à résoudre, c'est simplement parce que, sur le plan créateur, ce problème ne peut se poser en termes conceptuels : la sincérité de Rabelais n'est autre que la forme d'émotion qui le rend fécond, et cette émotion entretient chez lui des

*« Allez, enfants en la garde du grand
Dieu des cieux... »
(Holbein, La danse macabre)*

Holbein, La danse macabre

Holbein, La danse macabre

Holbein, La danse macabre

rapports singuliers avec l'idée théologique qui est censée la soutenir, comme chez Bloy, Bernanos ou Greene. La théologie s'adresse à un certain niveau de sa personnalité. Les saintes Écritures lui élèvent l'âme, le mettent dans un état de grâce littéraire, l'inspirent enfin, ce qui n'est pas particulier à tous les croyants, et pourrait bien être accordé parfois à certains incroyants. Le haussement secret, le lyrisme contenu, l'ésotérisme discret, tout ce qui fait de cette œuvre un immense effort non seulement pour charrier la Création tout entière par la parole, mais pour la porter à la hauteur, à la noblesse, au tremblement intérieur d'une sorte de grâce, tout cela, qui n'est nullement une théologie précise, Rabelais l'a puisé dans une adoration et admiration des Évangiles. On voit bien qu'une fois la vérité historique atteinte quant au *credo* — et saurons-nous jamais, malgré Febvre ou Gilson, ce que ce *credo* est exactement sur le plan des propositions claires et strictement définies de l'orthodoxie dans le cerveau de tel individu à tel moment précis de l'Histoire ? — le rôle de cette vérité agissant en cet homme demeurait encore inconnu et essentiel. Rabelais a été cet écrivain mystérieux qui pouvait boire beaucoup, avoir des enfants naturels et *faire le singe de Lucien,* mais dont toutes les facultés créatrices s'épanouissent pourtant à la lumière des Évangiles. Laissons Rome et Genève échanger leurs docteurs, car cette théologie se transforme en quelque chose d'un tout autre ordre, dont l'intérêt n'est plus ni théologique, ni historique, ni même de psychologie d'un individu, et admirons telle page dont aucun écrivain français, sauf peut-être Pascal, n'a égalé la splendeur, la lettre célèbre de Gargantua à son fils Pantagruel, où la Création tout entière monte aux lèvres du poète et où, par une sorte de substitution de la poésie au Christ lui-même, l'auteur semble remettre la Création entre les mains du Père. Rabelais se fût-il même proclamé athée, ce qu'il n'a point fait, et pour cause, que ce serait encore la forme de don spirituel de cet athéisme qu'il faudrait expliquer, et notre tâche serait encore de répondre à cette seule question : par quel besoin secret de son équilibre créateur était-il indispensable que Rabelais se proclamât athée pour mieux aller, sans risque de perdre pied, aux régions supérieures où il expérimentait, à travers l'écriture, la plus pure ferveur de son génie ?

Mais si l'entreprise de Rabelais est spirituelle — et Dieu sait qu'elle l'est ! — que vaut cet art en tant que « voie de la délivrance » ? Une *catharsis* par l'écriture est-elle possible ?

Puisque l'œuvre est initiatique, délibérément, puisqu'elle se présente sans fard comme une quête, on est en droit de se poser cette question. Eh bien ! ce qu'on devine de lassitude et d'amertume dans ce destin, d'alternances d'exaltation et de panique, tout nous révèle une âme chaotique et torturée, ravie quelquefois par la grâce de l'art. Elle est de plus en plus sporadique, la prise de possession triomphante par l'écrivain de sa propre mythologie, de sa dimension gigantale. On observe une sorte d'usure de la faculté de se délivrer et de dialoguer, propre peut-être à l'entreprise d'écrire : qui sait si le mythe d'Icare... En tout cas Rabelais, acharné à son écritoire, laissant des brouillons en désordre, nous faisant pénétrer dans ses chantiers, a vécu dans un constant recours à cet « autre monde » dont nous pouvons observer la singulière fonction psychique : il s'agit d'une manière d'accession au spirituel par l'imaginaire. Devant cet imaginaire, l'écrivain se trouve dans une situation paradoxale : il l'a édifié lui-même, puis il y croit en retour, et s'y appuie, de sorte que l'imaginaire en vient à occuper une situation centrale dans les rapports de cet homme avec lui-même, avec les autres et avec l'inconnaissable. L'imaginaire, étrange transformateur d'énergie, exalte ou détruit. L'œuvre porte elle-même les traces de ses effets, puisqu'elle se détraque ou s'épanouit selon sa fonction plus ou moins harmonieuse dans l'esprit de celui qui l'édifie, au point qu'on y peut suivre les à-coups d'une étrange symbiose entre celui qui la veut et celui qui l'écoute.

Il est évident que les combats de Rabelais pour accéder à la lumière des Évangiles par-delà la Sorbonne et ses docteurs, que son acharnement à obtenir un privilège du roi afin de publier au grand jour, que ses rancunes et ses amertumes à la suite des condamnations de la Faculté de théologie, que la retraite enfin, cet étrange silence où l'auteur poursuit un accomplissement qui se dérobe, comme si la saison en était passée, il est évident que tout cela fait partie d'une sorte de biographie seconde, celle des rapports vitaux d'un homme avec cette création qui lui tient lieu de cité de Dieu. Et le Rabelais solitaire, amer, aiguisant des traits mortels qui ne délivrent plus, est étrangement parallèle au Swift des Yahoos du dernier *Voyage de Gulliver*, où les hommes sont devenus des singes affreux. Icare encore ?

Mais l'œuvre de Rabelais, comme toute grande œuvre, est une ville construite par un seul homme, une ville usée au jour le jour par le pas de cet homme, qui ne pouvait trouver autrement *guide de Dieu et compaignie*. Si nous nous interrogeons sur la provenance de ces pierres et sur la manière d'en desceller quelques-unes pour construire ou reconstruire nos propres cités, nous ne sommes que des barbares. Pour comprendre avec qui et de quoi cet homme parle à travers les pierres, il ne faut pas lire les inscriptions sur les façades, il faut scruter l'insolite démarche elle-même de qui se retire au désert pour arracher sa ville au silence. La critique d'aujourd'hui sur Rabelais veut interroger ce mystère spirituel qu'on appelle l'art et qui donne des voix à une nuit immense. Alors apparaît le Rabelais le plus intérieur, celui qui questionne, et dont l'œuvre débouche sur une solitude, celui qui combat pied à pied pour ancrer son ordre (le vrai, l'imaginaire) dans le chaos de l'autre cité ; celui qui, transporté par son mythe, s'y accroche, s'y use, s'y détruit. Balzac a senti une parenté rivale et profonde, un drame parallèle au sien dans cet embrassement verbal fabuleux : il s'est jeté dans Rabelais comme dans le miroir encore en fusion de sa propre entreprise. Pardelà les soucis de carrière, les tracas vulgaires, les doctrines, les hérésies et autres querelles du temps, il faut admettre que c'est une aventure spirituelle qui s'est tout entière engouffrée dans l'aventure d'une œuvre menée à son terme. Par elle Rabelais s'est cherché un sens et en a donné un à Dieu. Sa création constitue la plus vaste enquête et la plus vaste quête de son siècle ; elle reste sans exemple, car elle est totalement interrogative, quoique remplie à ras bord des richesses du Moyen Age et des temps nouveaux. Elle nous concerne encore, car la flotte pantagruéline est toujours en route vers l'oracle.

n jour, les critiques se sont aperçus qu'ils vieillissaient plus vite que les auteurs ; leur orgueil a pris alors un cours nouveau, qui les a rendus si exigeants qu'ils tournent aujourd'hui contre eux-mêmes toute la sévérité dont ils étaient autrefois si prodigues à l'égard du génie : ils s'interrogent désormais sur leurs principes avant de rien entreprendre. L'art est difficile depuis longtemps, la critique l'est devenue depuis peu. C'est qu'elle se rêve à son tour un avenir depuis qu'elle se sait enfin une histoire... Justement, Rabelais occupe une place de choix dans les mésaventures de la critique. Sa postérité spirituelle s'y inscrit en traits tour à tour bouffons et sévères, comme par fidélité posthume à son génie.

La naissance d'une critique littéraire organisée coïncide avec la lente préparation idéologique de la Révolution de 1789 : d'où la tendance à la polémique politique de la critique en France depuis près de deux siècles. Cela a commencé au XVIIIe siècle, où l'on cherchait déjà des clés de Rabelais ; pour Voltaire, Grandgousier ne serait autre que Louis XII ; Gargantua, François Ier lui-même, Pantagruel, Henri II en personne, et Picrochole, Charles Quint. L'œuvre d'art était encore grossièrement comprise comme entièrement concertée et tournée vers le dehors. D'esprit déjà révolutionnaire, cette critique atteint au grotesque avec la Révolution : en 1791,

Guinguené publie l'*Autorité de Rabelais dans la Révolution présente*, où nous apprenons que l'éducation de Gargantua est une satire de l'éducation des dauphins, et les énumérations de vivres et d'équipement une satire des folles dépenses de la Royauté. La fièvre révolutionnaire retombée, cette tendance tourne à la marotte inoffensive : l'édition monumentale dite *variorum* va jusqu'à se demander si la jument de Gargantua ne serait pas Louise de Savoie, mère de François Ier.

Au XIXe siècle, cet héritage se divise, *grosso modo*, en trois parts ; la méthode tracée par Voltaire, puis Guinguené, tourne à l'érudition : il s'agit de relever les allusions — incontestables — à Charles-Quint ou à François Ier, mais cette fois pour prouver le « réalisme » de Rabelais, le réalisme étant devenu le *nec plus ultra* de l'art ; le courant révolutionnaire, lui, devient anticlérical et rationaliste — c'est la tendance que prolonge Lefranc jusqu'au XXe siècle. Enfin, la génération d'historiens sérieux enfantés par la grande révolution, les Villemain, Guizot, Taine, s'efforcent en vain de fonder une théorie de l'art à partir de l'Histoire, et sombrent dans une théorie de l'Histoire où l'art devient un simple document historique.

Ces courants se retrouvent, au XXe siècle, mais désenchantés. Les grands historiens renoncent à se forger une esthétique. Ils ne croient plus, comme Taine ou Villemain, que l'œuvre d'art ne soit qu'un document, mais continuent à la traiter comme . telle. L'érudition, privée d'inspiration et de lignes de recherche inédites, ne sachant plus très bien ce que l'Histoire vient faire en art, se met à extraire d'un auteur un monceau de renseignements inutilisables. Un Rabelais petit-bourgeois manifeste sa foi dans le rationalisme ; l'éloge du Pantagruélion « si utile au genre humain » est une apologie de la science. Quant à l'originalité du génie, elle se manifeste en ce que « nous pouvons encore cueillir » (dans les livres de Rabelais) « quelques principes de conduite ». Nous apprenons ainsi que « sans la morale, la science ne fait pas le bonheur des hommes » et que « la plus merveilleuse invention peut devenir entre les mains d'ambitieux ou de méchants un fléau pour le genre humain » (Plattard).

La direction anticléricale et rationaliste, au sens du XIXe siècle, connaît pourtant au début du XXe siècle un sursaut mémorable et pittoresque avec Abel Lefranc. Ce professeur émérite et fougueux voyait en Rabelais un prince de l'impiété au XVIe siècle : il devait plus tard se mettre en tête une plus solide marotte encore, celle de reconnaître en Shakespeare le sixième comte de Derby. Les idées qu'il avait le poursuivaient toute sa vie, mais il avait l'habileté de paraître renverser les rôles : chasseur ingénieux, tenace, imperturbable, grand jouteur, bretteur et ferrailleur devant l'Éternel, ce Calvin laïc paraissait en découdre avec des ennemis tout extérieurs. Et comme son impétuosité d'esprit était devenue rare parmi les doctes, comme l'État, assagi, semblait nourrir quelque morne nostalgie pour les certitudes violentes et les fureurs de la foi, Abel Lefranc régna pendant trente ans sur les études rabelaisiennes avec un fanatisme admirable. Il dirigea la grande édition Champion en cinq volumes dont il fit un monument à la gloire de l'« athéisme rabelaisien » et dont il revendiqua l'entière responsabilité. En tête du tome I on peut lire une lettre de la marquise Asconati Visconti datée du 27 mars 1907, laquelle marquise offrait 50 000 francs-or pour le lancement de l'édition, en souvenir de son père qui ainsi que tous les républicains de sa génération était un fervent admirateur de celui en qui il vénérait un des pères de la pensée libre ».

Cependant Étienne Gilson commençait à réhabiliter hors du cercle étroit des théologiens la philosophie du Moyen Age et « abattait les barrières qu'on avait dressées entre l'humanisme médiéval et la Renaissance ». Il releva une foule de cas précis où Abel Lefranc et son équipe n'avaient pas saisi le sens de Rabelais, faute d'avoir reconnu des allusions transparentes aux théologiens les plus célèbres du Moyen Age et même à saint Paul. Et de noter avec une bénigne douceur : « Il faut se mettre en état de comprendre les textes avant de les commenter. »

Cette joute célèbre, feutrée par une exquise courtoisie, eut pour objet le postérieur d'un Cordelier. On se souvient que Panurge, ayant cousu la robe et la chemise d'un Cordelier à son aube, celui-ci, voulant après l'*Ite missa est* se dévêtir des ornements sacerdotaux, montra en pleine église la partie en question de sa personne. Et Lefranc de conclure gravement que Rabelais avait voulu associer « la bouffonnerie et le sarcasme le plus osé à la célébration des mystères chrétiens ». Mais Gilson de démontrer, textes à l'appui, que ce genre de plaisanterie était tout à fait dans l'esprit des Cordeliers du Moyen Age : la Vierge elle-même nourrissait, à l'époque, une étrange prédilection à ridiculiser de la sorte, en pleine église, ceux qui l'offensaient par leurs questions impertinentes sur l'Immaculée Conception. Gilson posait la question fondamentale de la méthode en relevant l'ignorance des spécialistes quant à la doctrine de la philosophie médiévale touchant la nature. Si l'on oppose radicalement christianisme et nature, on se rend foncièrement inintelligibles des hommes tels que Erasme, Montaigne et Rabelais : le christianisme n'est pas le calvinisme...

Or, en 1947, paraissait *Le problème de l'incroyance au XVIe siècle* de Lucien Febvre, renouvelant notre compréhension religieuse de Rabelais dans le sens formulé, trente ans auparavant, par Gilson. C'était de nouveau toute la question de la méthode en Histoire qui était débattue. « Ne faisons pas comme si les conclusions des historiens n'étaient pas nécessairement frappées de contingence », écrivait Febvre. La formule du « livre qu'on ne récrira plus » est très sotte : on ne le récrira plus, simplement parce qu'il est fils du temps. « Histoire, fille du temps ». Ce professeur au Collège de France trouva décidément des accents valéryens : « Chaque époque se fabrique mentalement son univers », écrit-il « sa Rome et son Athènes, son Moyen Age et sa Renaissance ». A Étienne Gilson, notant que la vérité historique ne peut plus être déterminée d'après les impressions qu'éprouve un professeur en Sorbonne ou au Collège de France, en l'an de grâce 1924 lorsqu'il lit le texte de Rabelais, Febvre fait écho, vingt-cinq ans plus tard, en remarquant qu'il n'est pas objectif de projeter nos idées et nos sentiments du xxe siècle sur des écrivains du xvie : « La méthode du *Est-il vrai que...* qui sent son juge d'instruction, ne mènerait-elle pas à une impasse ? Et celle du *Est-il possible* ne conduirait-elle pas au contraire l'historien à cette fin dernière de toute Histoire : non point *savoir*, en dépit des étymologies, mais *comprendre* ? »

Une dernière chance semble donc donnée à la critique historique d'entrer dans la dimension créatrice des œuvres. Mais l'aile marchante de la critique s'efforce plutôt d'éclairer l'œuvre sous son aspect esthétique (Gaëtan Picon), ou en tant qu' « exercice spirituel » (Claude-Edmonde Magny), ou à partir d'une métaphysique du langage (Blanchot), ou d'une dimension visionnaire (Béguin), ou d'un comportement fondamental devant l'espace et le temps (Poulet), faisant éclater de partout la critique historique, qui s'efforce en vain de trouver un ultime secours dans la physiologie ou la psychanalyse.

Pendant ce temps, la critique idéologique née au XVIIIe siècle avec Guinguené redevient historiciste sous une forme nouvelle avec le marxisme. La critique marxiste, comme toute critique révolutionnaire en France, est une sorte de sociologie où les événements seraient définitivement connus dans leur signification finale. Il ne s'agit plus d'essayer de comprendre l'Histoire, mais d'illustrer la compréhension *a priori* qu'on en a : de sorte que l'écrivain étudié est mis en place dans un processus historique tenu pour fatal. Mais ce déroulement, quoique fatal, n'est point passif : à l'instar du *Prince*, de Machiavel, le marxisme introduit dans l'Histoire mondiale une théorie de la violence en tant que moyen politique, et c'est encore un point sur lequel le XVIe siècle, selon l'expression de Gaxotte, est plus près de nous que le XVIIe.

Pour Lefebvre, « nous ne pouvons plus voir et sentir comme des hommes du XVIe siècle », mais « est-ce très important ? ». Nullement. « Nous en savons plus qu'eux-mêmes sur les gens de ce temps : car nous savons où ils allaient, eux, sans le savoir ». Voilà l'« objectivité » définie *a posteriori*, et par conséquent la responsabilité. Il s'agit toujours de refuser une objectivité qui aboutit « au subjectivisme, celui de M. Lucien Febvre ». L'objectivité de Lefebvre, elle, sera résolument « rationaliste ». Il faut superposer au sens que Rabelais attribuait à ce qu'il écrivait un sens qui y était caché sans qu'il le sût.

Ainsi Panurge s'apprête à faire un songe révélateur dans la plus pure tradition ésotérique. Pour ce faire, il se dépouille *de toute affection humaine d'amour, de passion, de haine, d'espoir et de crainte,* car « *l'homme ne peut recevoir divinité et art de vaticiner sinon que la partie qui en lui est divine soit sage, tranquille, paisible, non occupée.* Lefebvre interprétera jusqu'à cet art des songes comme la « preuve que Rabelais connaît déjà l'attitude rationaliste ». Rabelais fut traité de *singe de Lucien* ? Cela prouvera que « parmi les humanistes, les plus réactionnaires d'entre eux englobaient dans le *lucianisme* les penseurs audacieux et progressistes de l'époque ». Quant à la conclusion : *Allez, amis, en protection de cette sphère intellectuelle de laquelle en tous lieux est le centre* Lefebvre déclare froidement : « Conclusion à la fois naturaliste et progressiste de l'œuvre ». Les perles abondent. L'Abbaye de Thélème ? « L'idéal thélémite sert de transition entre le communisme primitif et le communisme scientifique ». Et savez-vous pourquoi l'armée picrocholine se rend à Frère Jean ? Pourquoi est-ce lui encore qui provoque la débandade finale en prenant à revers les derniers bataillons ennemis ? « Parce que Frère Jean, c'est Jeanne d'Arc ». La lettre de Gargantua à Pantagruel ? Ici, c'est plus grave encore : pour Lefebvre, cette lettre témoigne d'une conception strictement rationaliste et biologique de la vie éternelle. Or, aucun savant, pas même Lefranc, n'a jamais attaqué les conclusions de Gilson sur ce point, car Gilson, à l'époque, était seul en France à pouvoir dire de quels grands théologiens du Moyen Age cette lettre est extraite phrase par phrase : il apparaît clairement que Lefebvre n'a même pas connaissance du texte de Gilson.

Nous nous sommes un peu attardés à cette forme d'esprit parce que nous l'avons retrouvée, sur le plan religieux, au siècle de Rabelais : elle réapparaît chaque fois que l'homme croit avoir percé le mystère, même tout terrestre, de son destin.

Pour nous, il est certain que si Rabelais soutient la comparaison avec Molière, Pascal ou Balzac, c'est qu'il échappe, sur un certain plan, à l'Histoire. Nous le rencontrons aujourd'hui encore au cœur de l'évolution moderne des problèmes de la critique littéraire, de la psychologie religieuse et de l'Histoire : c'est bien parce que son œuvre semble n'avoir pas été mise au monde, tant elle *existe*.

Gravures extraites d'un Pantagruel
illustré par Derain

Textes

De l'adolescence de Gargantua

Le jeune Gargantua se livre tout enfant aux plus profondes sottises du genre humain ; et Rabelais, lui, se livre au vocabulaire... [1]

Gargantua, depuis les troys jusques à cinq ans, feut nourry et institué en toute discipline convenente, par le commandement de son pere, et celluy temps passa comme les petitz enfans du pays, c'est assavoir : à boyre, manger et dormir ; à manger, dormir et boyre ; à dormir, boyre et manger.

Tousjours se vaultroit par les fanges, se mascaroit le nez, se chaffourroit le visage, aculoyt ses souliers, baisloit souvent aux mousches, et couroit voulentiers après les parpaillons, desquelz son pere tenoit l'empire. Il pissoit sus ses souliers, il chyoit en sa chemise, il se mouschoyt à ses manches, il mourvoit dedans sa souppe et patroilloit par tout lieu et beuvoit en sa pantoufle, et se frottoit ordinairement

---

1. Nous avons modernisé l'orthographe ancienne de Rabelais dans notre présentation, et, dans l'anthologie, nous avons suivi l'édition Garnier.

Les textes sont illustrés alternativement par des peintures de Bosch, Brueghel et des gravures extraites des *Songes drôlatiques de Pantagruel*, *où sont contenues plusieurs figures de l'invention de maistre François Rabelais et dernière œuvre d'iceluy pour la récréation des beaulx esprits.*

le ventre d'un panier. Ses dens aguysoit d'un sabot, ses mains lavoit de potaige, se pignoit d'un goubelet, se asseoyt entre deux selles le cul à terre, se couvroyt d'un sac mouillé, beuvoyt en mangeant sa souppe, mangeoyt sa fouace sans pain, mordoyt en riant, rioit en mordant, souvent crachoyt au bassin, petoyt de gresse, pissoyt contre le soleil, se cachoyt en l'eau pour la pluye, battoyt à froid, songeoyt creux, faisoyt le sucré, escorchoyt le renard, disoit la patenostre du cinge, retournoit à ses moutons, tournoyt les truies au foin, battoyt le chien devant le lion, mettoit la charrette devant les bœufz, se grattoyt où ne luy demangeoyt poinet, tiroit les vers du nez, trop embrassoyt et peu estraignoyt, mangeoyt son pain blanc le premier, ferroyt les cigalles, se chatouilloyt pour se faire rire, ruoyt tres bien en cuisine, faisoyt gerbe de feurre aux dieux, faisoyt chanter *Magnificat* à matines et le trouvoyt bien à propous, mangeoyt choux et chioyt pourrée, cognoissoyt mousches en laict, faisoyt perdre les pieds aux mousches, ratissoyt le papier, chaffourroyt le parchemin, guaignoyt au pied, tiroyt au chevrotin, comptoyt sans son houste, battoyt les buissons sans prendre les ozillons, croioyt que nues fussent pailles d'arain, et que vessies fussent lanternes, tiroyt d'un sac deux moustures, faisoyt de l'asne pour avoir du bren, de son poing faisoyt un maillet, prenoit les grues du premier sault, ne vouloyt que maille à maille on feist les haubergeons, de cheval donné tousjours regardoyt en la gueulle, saultoyt du coq à l'asne, mettoyt entre deux verdes une meure, faisoyt de la terre, le foussé, gardoyt la lune des loups ; si les nues tomboient, esperoit prendre les alouettes, faysoit de nécessité vertu, faysoit de tel pain souppe, se soucioyt aussi peu des raitz comme des tonduz, tous les matins escorchoit le renard. Les petitz chiens de son pere mangeoient en son escuelle ; luy de mesmes mangeoit avecques eux. Il leur mordoit les aureilles, ilz luy graphinoient le nez ; il leurs souffloit au cul, ilz luy leschoient les badigoinces.

(Gargantua, chap. XI)

Comment certains gouverneurs de Picrochole, par conseil précipité, le mirent au dernier péril

Voici une scène célèbre prise de Plutarque, de Lucien. La Fontaine, Boileau la prendront dans Rabelais. On remarquera l'étalage de connaissances géographiques, qui concourt ici à la vie du récit — outre que le cliquetis sonore des noms de lieux fait les délices de cet amoureux du langage.

Les fouaces destroussées, comparurent devant Picrochole les ducs de Menuail, comte Spadassin et capitaine Merdaille, et luy dirent : « Sire, aujourd'huy nous vous rendons le plus heureux, plus chevaleureux prince qui onques feust depuis la mort d'Alexandre Macedo. — Couvrez, couvrez-vous, dist Picrochole. — Grand mercy, dirent-ilz, sire ; nous sommes à nostre debvoir. Le moyen est tel : vous laisserez icy quelque capitaine en garnison avec petite bande de gens pour garder la place, laquelle nous semble assez forte, tant par nature que par les rampars faictz à vostre invention. Vostre armée partirez en deux, comme trop mieulx l'entendez. L'une partie ira ruer sur ce Grandgousier et ses gens. Par icelle sera de prime adordée faci-

lement desconfit. Là recouvrerez argent à tas, car le vilain en a
du content ; vilain, disons-nous, parce qu'un noble prince n'a
jamais un sou. Thesaurizer est faict de vilain. — L'aultre partie
ce pendent tirera vers Onys, Sanctonge, Angomois, et Gascoigne,
ensemble Perigot, Medoc, et Elanes. Sans resistence prendront
villes, chasteaux, et forteresses. A Bayonne, à Sainct Jean de Luc,
et Fontarabie saysirez toutes les naufz, et, coustoyant vers Galice
et Portugal, pillerez tous les lieux maritimes jusques à Ulisbone,
où aurez renfort de tout equipage requis à un conquerent. Par le
corbieu, Hespaigne se rendra, car ce ne sont que madourrez ! Vous
passerez par l'estroict de Sibyle, et là erigerez deux colonnes plus
magnificques que celles de Hercules, à perpetuelle memoire de
vostre nom, et sera nommé cestuy destroict la mer Picrocholine.
— Passée la mer Picrocholine, voicy Barberousse qui se rend vostre
esclave... — Je, dist Picrochole, le prendray à mercy. — Voire, dirent
ilz, pourveu qu'il se face baptiser. Et oppugnerez les royaulmes de
Tunic, de Hippes, Argiere, Bone, Corone, hardiment toute Barbarie.
Passant oultre, retiendrez en vostre main Majorque, Minorque,
Sardaine, Corsicque, et aultres isles de la mer Ligusticque et Baleare.
Coustoyant à gausche, dominerez toute la Gaule Narbonicque,
Provence, et Allobroges, Genes, Florence, Lucques, et à Dieu seas
Rome. Le pauvre Monsieur du Pape meurt desjà de peur. — Par
ma foy, dist Picrochole, je ne luy baiseray jà sa pantofle. — Prinze
Italie, voylà Naples, Calabre, Apoulle, et Sicile toutes à sac, et Malthe
avec. Je vouldrois bien que les plaisans chevaliers, jadis Rhodiens,
vous resistassent, pour veoir de leur urine. — Je irois, dist Picrochole,
voluntiers à Laurette. — Rien, rien, dirent ilz ; ce sera au retour.
De là prendrons Candie, Cypre, Rhodes, et les isles Cyclades, et
donnerons sus la Morée. Nous la tenons. Sainct Treignan, Dieu
garde Hierusalem, car le Soubdan n'est pas comparable à vostre
puissance. — Je, dist-il, feray donc bastir le Temple de Salomon.
— Non, dirent ilz encores, attendez un peu. Ne soyez jamais tant
soubdain à vos entreprinses. Sçavez vous que disoit Octavian Auguste ?
Festina lente. Il vous convient premierement avoir l'Asie Minor,
Carie, Lycie, Pamphile, Celicie, Lydie, Phrygie, Mysie, Betune,
Charazie, Satalie, Samagarie, Castamena, Luga, Savasta, jusques
à Euphrates. — Verrons-nous, dist Picrochole, Babylone et le mont
Sinay ? — Il n'est, dirent-ilz, jà besoing pour ceste heure. N'est-ce
pas assez tracassé de avoir transfreté la mer Hircane, chevauché
les deux Armenies et les troys Arabies ?

   — Par ma foy, dist-il, nous sommes affoléz. Ha, pauvres gens.
— Quoy ? dirent-ilz. — Que boirons-nous par ces desers ? Car
Julian Auguste et tout son ost y mourrurent de soif, comme l'on dict.

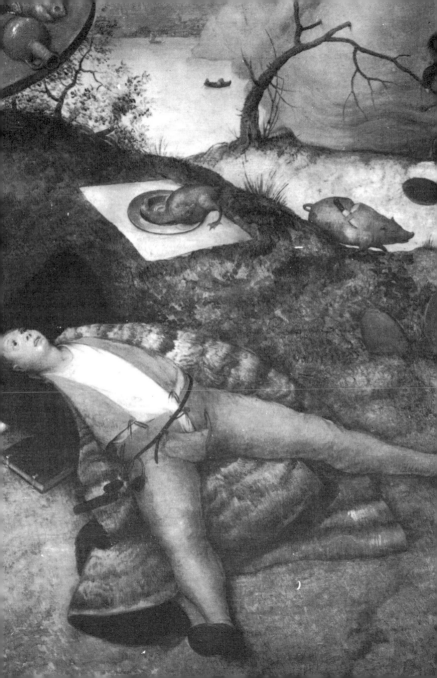

— Nous, dirent-ilz, avons jà donné ordre à tout. Par la mer Siriace, vous avez neuf mille quatorze grandes naufz, chargées des meilleurs vins du monde ; elle arrivent à Japhes. Là se sont trouvez vingt et deux cens mille chameaulx, et seize cens elephans, lesquels aurez prins à une chasse environ Sigeilmes, lorsque entrastes en Libye, et d'abondant eustes toute la garavane de la Mecha. Ne vous fournirent-ilz de vin à suffisance ? — Voire. Mais, dist-il, nous ne beumes poinct frais. — Par la vertus, dirent-ilz, non pas d'un petit poisson, un preux, un conquerent, un pretendent et aspirant à l'empire univers ne peut tousjours avoir ses aizes. Dieu soit loué qu'estes venu, vous et voz gens, saufz et entiers jusques au fleuve du Tigre !

— Mais, dist-il, que faict ce pendent la part de nostre armée qui desconfit ce vilain humeux Grandgousier ? — Ilz ne chomment pas, dirent-ilz ; nous les rencontrerons tanstot. Ilz vous ont prins Bretaigne, Normandie, Flandres, Haynault, Brabant, Artoys, Hollande, Selande. Ilz ont passé le Rhein par sus le ventre des Suices et Lansquenets, et part d'entre eulx ont dompté Luxembourg, Lorraine, la Champaigne, Savoye jusques à Lyon, auquel lieu ont trouvé voz garnisons retournans des conquestes navales de la mer Mediterranée, et se sont reassemblez en Boheme, apres avoir mis à sac Soueve, Vuitemberg, Bavieres, Austriche, Moravie et Stirie : puis ont donné fierement ensemble sus Lubek, Norwerge, Sweden Rich, Dace, Gotthie, Engroneland, les Estrelins, jusques à la mer Glaciale. Ce faict, conquesterent les isles Orchades, et subjuguerent Escosse, Angleterre et Irlande. De là, navigans par la mer Sabuleuse et par les Sarmates, ont vaincu et dompté Prussie, Polonie, Lithuanie, Russie, Valachie, la Transsilvane, Hongrie, Bulgarie, Turquie, et sont à Constantinoble. — Allons-nous, dist Picrochole, rendre à eulx le plus toust, car je veulx estre aussi empereur de Trebizonde. — Ne tuerons-nous pas tous ces chiens turcs et Mahumetistes ? — Que diable, dirent-ilz, ferons-nous doncques ? Et donnerez leurs biens et terres à ceulx qui vous auront servy honnestement. — La raison, dist-il, le veult ; c'est equité. Je vous donne la Carmaigne, Surie, et toute la Palestine. — Ha, dirent-ilz, Cyre, c'est du bien de vous. Grand mercy ! Dieu vous face bien tousjours prosperer. »

Là present estoit un vieux gentil homme, esprouvé en divers hazars, et vray routier de guerre, nommé Echephron, lequel, oyant ces propous, dist : « J'ay grand peur que toute ceste entreprinse sera semblable à la farce du pot au laict, duquel un cordouanier se faisoit riche par resverie ; puis le pot cassé, n'eut de quoy disner. Que pretendez-vous par ces belles conquestes ? Quelle sera la fin de tant de travaulx et traverses ? — Ce sera, dist Picrochole, que nous, retournez, repouserons à nos aizes. »

Dont dist Echephron : « Et si par cas jamais n'en retournez, car le voyage est long et perilleux, n'est ce mieulx que des maintenant nous repousons, sans nous mettre en ces hazars ? — O ! dist Spadassin, par Dieu, voicy un beau resveux ! Mais allons nous cacher au coing de la cheminée, et là passons avec les dames nostre vie et nostre temps à enfiller des perles, ou à filler comme Sardanapalus. Qui ne se adventure n'a cheval ny mule, ce dist Salomon. — Qui trop, dist Echephron, se adventure perd cheval et mule, respondit Malcon. — Baste, dist Picrochole, passons oultre. Je ne crains que ces diables de legions de Grandgousier. Ce pendent que nous sommes en Mesopotamie, s'ilz nous donnoient sus la queue, quel remede ? — Tres bon, dist Merdaille. Une belle petite commission, laquelle vous envoirez es Moscovites, vous mettra en camp pour un moment quatre cens cinquante mille combatans d'eslite. O, si vous me y faites vostre lieutenant, je tueroys un pigne pour un mercier ! Je mors, je rue, je frappe, je attrape, je tue, je renye. — Sus, sus, dist Picrochole, qu'on despesche tout, et qui me ayme si me suive. »

(*Gargantua, chap. XXXIII*)

Comment Gargantua feist bastir pour le moine
l'abbaye de Theleme

*Rabelais ne partage pas le rêve de son contemporain Thomas Morus :
l'abbaye de Thélème est réservée à une petite élite de gens biens nés ;
et tout s'y passe au rebours de la coutume qui a cours dans les couvents.
Rabelais, comme Erasme, se venge de ses années de moinage.*

Restoit seulement le moyne à pourvoir, lequel Gargantua vouloit
faire abbé de Seuillé, mais il le refusa. Il luy voulut donner l'abbaye
de Bourgueil, ou de Sainct Florent, laquelle mieulx luy duiroit,
ou toutes deux s'il les prenoit à gré ; mais le moyne luy fit response
peremptoire que, de moynes, il ne vouloit charge ny gouvernement.
« Car comment, disoit-il, pourrois-je gouverner aultruy, qui moy
mesmes gouverner ne sçaurois ? Si vous semble que je vous aye
faict et que puisse à l'advenir faire service agréable, oultroyez moy
de fonder une abbaye à mon devis. » La demande pleut à Gargantua,
et offrit tout son pays de Theleme jouste la riviere de Loire, à
deux lieues de la grande forest du Port Huault, et requist à Gargantua
qu'il instituast sa religion au contraire de toutes aultres.
« Premierement doncques, dist Gargantua, il ny fauldra ja bastir
murailles au circuit, car toutes aultres abbayes sont fierement murées.
— Voyre, dist le moine, et non sans cause : où mur y a, et davant,
et derriere, y a force murmur, envie, et conspiration mutue. »
Davantaige, veu que, en certains convens de ce monde, est en
usance que, si femme aulcune y entre (j'entends des preudes et
pudicques) on nettoye la place par laquelle elles ont passé, feut
ordonné que, si religieux ou religieuse y entroit par cas fortuit,
on nettoiroit curieusement tous les lieulx par lesquelz auroient
passé. Et, parce que es religion de ce monde, tout est compassé,
limité, et reiglé par heures, feut decreté que là ne seroit horologe,
ny quadrant aulcun, mais selon les occasions et opportunitez, seroient
toutes les œuvres dispensées ; « car, disoit Gargantua, la plus vraye
perte du temps qu'il sceust estoit de compter les heures, — quel
bien en vient-il ? et la plus grande resverie du monde estoit soy
gouverner au son d'une cloche, et non au dicté de bon sens et enten-
dement. »
Item, parcequ'en icelluy temps on ne mettoit en religion des
femmes, sinon celles qui estoient borgnes, boyteuses, bossues, laydes,
defaictes, folles, insensées, maleficiées, et tarées ; ny les hommes,

sinon catarrez, mal nés, niays et empesche de maison : « A propos, dist le moine, une femme qui n'est ny belle, ny bonne, à quoy vault toille ? — A mettre en religion, dist Gargantua. — Voyre, dist le moine, et à faire des chemises. » Fut ordonné que là ne seroient repceues, sinon les belles, bien formées et bien naturées, et les beaulx, bien formez et bien naturez.

Item, parce que es conventz des femmes ne entroient les hommes, sinon à l'emblée et clandestinement, feut decreté que jà ne seroient là les femmes, au cas que n'y feussent les hommes ny les hommes, au cas que n'y feussent les femmes.

Item, parce que tant hommes que femmes, une fois repceuz en religion, aprés l'an de probation, estoient forcez et astrainctz y demourer perpetuellement leur vie durante, feust estably que tant hommes que femmes là repceuz sortiroient quand bon leur sembleroit, franchement et entièrement.

Item, parce que ordinairement les religieux faisoient troys veuz, sçavoir est de chasteté, pauvreté, et obedience, fut constitué que là honorablement on peult estre marié, que chascun feut riche et vesquist en liberté.

Au regard de l'age legitime, les femmes y estoient repceues depuis dix jusques à quinze ans, les hommes, depuis douze jusques à dix et huict.

(Gargantua, chap. LII)

Comment estoient reiglez les Thélemites
à leur manière de vivre

*La tyrannie est la mère de tous les vices, et la liberté nous pousse
naturellement au bien... Même dans l'utopie, Rabelais présente des
arguments psychologiques, ce qu'on chercherait en vain chez Thomas
Morus.*

Toute leur vie estoit employée, non par loix, statutz ou reigles,
mais selon leur vouloir et franc arbitre. Se levoient du lict quand
bon leur sembloit, beuvoient, mangeoient, travailloient, dormoient
quand le desir leur venoit ; nul ne les esveilloit, nul ne les parforceoit
ny à boire, ny à manger, ni à faire chose aultre quelconques. Ainsi
l'avoit estably Gargantua. En leur reigle n'estoit que ceste clause :

FAY CE QUE VOULDRAS,

parce que gens liberes, bien nez, bien instruictz, conversans en
compaignies honnestes, ont par nature un instinct et aguillon qui
tousjours les pousse à faicts vertueux, et retire de vice : lequelz
ilz nommoient honneur, Iceulx, quand par vile subjection et con-
traincte sont deprimez et asserviz, detournent la noble affection

par laquelle à vertuz franchement tendoient, à deposer et enfraindre ce joug de servitude ; car nous entreprenons tousjours choses defendues et convoitons ce que nous est denié.

Par ceste liberté entrerent en louable emulation de faire tous ce qu'à un seul voyoient plaire. Si quelqu'un ou quelqu'une disoit : « Beuvons, » tous beuvoient ; si disoit : « Jouons, » tous jouoient ; si disoit : « Allons à l'esbat es champs », tous y alloient. Si c'estoit pour voller ou chasser, les dames, montées sus belle hacquenées, avec leur palefroy guorrier, sus le poing mignonnement enguantelé portoient chascune ou un esparvier, ou un laneret, ou un esmerillon ; les hommes portoient les aultres oyseaulx.

Tant noblement estoient apprins qu'il n'estoit entre eulx celluy ny celle qui ne sceust lire, escripre, chanter, jouer d'instrumens harmonieux, parler de cinq et six langaiges, et en iceulx composer, tant en carme que en oraison solue. Jamais ne feurent veuz chevaliers tant preux, tant guallans, tant dextres à pied et à cheval, plus vers, mieulx remuans, mieulx manians tous bastons, que là estoient ; jamais ne furent veues dames tant propres, tant mignonnes, moins fascheuses, plus doctes à la main, à l'agueille, à tout acte muliebre honneste et libre, que là estoient.

Par ceste raison, quand le temps venu estoit que aulcun d'icelle abbaye, ou à la requeste de ses parens, ou pour aultres causes, voulust issir hors, avecques soy il emmenoit une des dames, celle laquelle l'auroit prins pour son devot, et estoient ensemble mariez ; et, si bien avoient vescu à Theleme en devotion et amytié, encores mieulx la continuoient-ilz en mariaige : d'autant s'entreaymoient-ilz à la fin de leurs jours, comme le premier de leurs nopces.

(Gargantua, chap. LVII)

Comment Pantagruel rencontra un limousin
qui contrefaisoit le langaige françoys

Il s'agit encore de forger la langue française... Comment va-t-on distinguer les latinismes permis de ceux qui ne le sont point ?

Quelque jour, je ne sçay quand, Pantagruel se pourmenoit aprés soupper avec ses compaignons, par la porte dont l'on va à Paris : là rencontra un escolier tout joliet, qui venoit par iceluy chemin : et, aprés qu'ilz se furent salues, luy demanda : « Mon amy, dond viens-tu à ceste heure ? » L'escolier luy respondit : « De l'alme, inclyte, et celebre academie que l'on vocite Lutece. — Qu'est-ce à dire ? dist Pantagruel à un de ses gens. — C'est, respondit-il, de Paris. — Tu viens donc de Paris, dist-il, et à quoy passez vous le temps, vous aultres messieurs estudiens audict Paris ? » Respondit l'escholier : « Nous transfretons la Sequane au dilucule et crepuscule ; nous déambulons par les compites et quadrivies de l'urbe ; nous despumons la verbocination latiale, et, comme verisimiles amorabonds, captons la benevolence de l'omnijuge, omniforme, et omnigene sexe feminin ; certaines diecules, nous invisons les lupanares de Champgaillard, de Matcon, de Cul de sac, de Bourbon, de Glattigny, de Huslieu, et, en ecstase Venereique, inculcons nos veretres es penitissimes recesses des pudendes de ces meretricules amicabilissimes ; puis cauponizons es tabernes meritoires de la Pomme de pin, du Castel, de la Magdaleine, et de la Mulle, belles spatules vervecines, perforaminées de petrosil. Et si, par forte fortune, y a rarité ou penurie de pecune en nos marsupies, et soyent exhaustes de metal ferruginé, pour l'escot nous dimittons nos codices et vestes oppignerées, prestolans les tabellaires à venir des penates et lares patriotiques. » A quoy Pantagruel dist : « Quel diable de langaige est cecy ? Par Dieu, tu es quelque heretique. — Segnor no, dist l'escholier, car libentissimement dès ce qu'il illucesce quelque minutule lesche de jour, je demigre en quelc'un de ces tant bien architectez monstiers : et là, me irrorant de belle eaue lustrale, grignotte d'un transon de quelque missicque precation de nos sacrificules. Et, submirmillant mes precules horaires, elue et absterge mon anime de ses inquinamens nocturnes. Je revere les olympicoles.

Je venere latrialement le supernel astripotent. Je dilige et redame mes proximes. Je serve les prescriptz decalogiques, et selon la facultatule de mes vires, n'en discede le late unguicule. Bien est veriforme que, à cause que Mammone ne supergurgite goutte en mes locules, je suis quelque peu rare et lend à supereroger les eleemosynes à ces egenes queritans leur stipe hostiatement. — Et bren, bren, dist Pantagruel, qu'est ce que veult dire ce fol ? Je croys qu'il nous forge icy quelque langaige diabolique, et qu'il nous cherme comme enchanteur. » A quoy dist un de ses gens : « Seigneur, sans nulle doubte, ce gallant veult contrefaire la langue des Parisians ; mais il ne faict que escorcher le latin, et cuide ainsi Pindariser, et luy semble bien qu'il est quelque grand orateur en Françoys, parce qu'il dedaigne l'usance commun de parler. » A quoy dict Pantagruel : « Est-il vray ? » L'escolier respondit : « Segnor missayre, mon genie n'est poinct apte nate à ce que dict ce flagitiose nebulon, pour escorier la cuticule de nostre vernacule Gallique, mais viceversement je gnave opere, et par vele et rames je me enite de le locupleter de la redondance latinicome. — Par Dieu, dist Pantagruel, je vous apprendray à parler. Mais devant, responds-moy : dond es-tu ? » A quoy dist l'escolier : « L'origine primeve de mes aves et ataves fut indigene des regions Lemoviques, où requiesce le corpore de l'agiotate sainct Martial. — J'entens bien, dist Pantagruel ; tu es Lymosin, pour tout potaige. Et tu veulx icy contrefaire le Parisian. Or viens çza, que je te donne un tour de pigne. » Lors le print à la gorge, luy disant : « Tu escorches le latin ; par sainct Jan, je te feray escorcher le renard, car je te escorcheray tout vif. » Lors commença le pauvre Lymosin à dire : « Vée dicou ! gentilastre. Ho sainct Marsault, adjouda my. Hau, hau, laissas à quau, au nom de Dious, et ne me touquas grou. » A quoy dist Pantagruel : « A ceste heure parles-tu naturellement. » Et ainsi le laissa, car le pauvre Lymosin conchioit toutes ses chausses, qui estoient faictes à queheue de merluz, et non à plein fons, dont dist Pantagruel : « Sainct Alipentin, corne my de bas, quelle civette ? Au diable soit le mascherabe, tant il put ! » Et le laissa. Mais ce luy fut un tel remord toute sa vie, et tant fut alteré qu'il disoit souvent que Pantagruel le tenoit à la gorge. Et, après quelques années, mourut de la mort Roland, ce que faisant la vengeance divine, et nous demonstrant ce que dist le philosophe, et Aule Gelle, qu'il nous convient parler selon le langage usité. Et, comme disoit Octavian Auguste, qu'il fault eviter les motz espaves, en pareille diligence que les patrons de navires evitent les rochiers de la mer.

(Pantagruel, chap. VI)

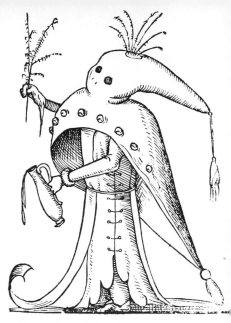

Et voici un essai de feu d'artifice verbal : Rabelais est au sommet de son art.

Quand Philippe, roy de Macedonie, entreprint assiéger et ruiner Corinthe, les Corinthiens, par leurs espions adveztiz que contre eux il venoit en grand arroy et exercite numereux, tous furent non à tort espoventez, et ne feurent negligens soy soigneusement mettre chascun en office et debvoir, pour à son hostile venue resister, et leur ville defendre. Les uns, des champs es forteresses, retiroient meubles, bestail, grains, vins, fruictz, victuailles et munitions necessaires. Les autres remparoient murailles, dressoient bastions, esquarroient ravelins, cavoient fossez, escuroient contremines, gabionnoient defenses, ordonnoient plates formes, vuidoient chasmates, rembarroient faulses brayes, erigeoient cavaliers, ressapoient contrescarpes, enduisoient courtines, produisoient moyneaux, taluoient parapetes, enclavoient barbacanes, asseroient machicoulis, renouoient herses Sarrazinesques et Cataractes, assoyoient sentinelles, forissoient patrouilles. Chascun estoit au guet, chascun portoit la hotte.

Les uns polissoient corseletz, vernissoient alecretz, nettoyoient bardes, chanfrains, aubergeons, briguandines, salades, bavieres, cappelines, guisarmes, armetz, mourions, mailles, jazerans, brassalz, tassettes, goussetz, guorgeriz, hoguines, plastrons, lamines, aubers, pavoys, boucliers, caliges, greves, soleretz, esperons. Les autres apprestoient arcs, fondes, arbalestes, glands, catapultes, phalarices, migraines, potz, cercles et lances à feu ; balistes, scorpions et autres machines bellicques, repugnatoires, et destructives des Helepolides ; esguisoient vouges, picques, rancons, hallebardes, hanicroches, volains, lances, azes guayes, fourches fieres, parthisanes, massues, hasches, dards, dardelles, javelines, javelotz, espieux ; affiloient cimeterres, brands d'assier, badelaires, paffuz, espées, verduns, estocz, pistoletz, viroletz, dagues, mandosianes, poignars, cousteaux, allumelles, raillons. Chascun exerçoit son penard, chascun desrouilloit son bracquemard. Femme n'estoit, tant preude ou vieille feust, qui ne fist fourbir son harnois : comme vous sçavez que les antiques Corinthienes estoient au combat couraigeuses.

Diogenes, les voyant en telle ferveur mesnaige remuer, et n'estant par les magistratz employé à chose aulcune faire, contempla par quelques jours leur contenence sans mot dire, puys, comme excité d'esprit martial, ceignit son palle en escharpe, recoursa ses manches jusques es couldes, se troussa en cueilleur de pommes, bailla à un sien compaignon vieulx sa bezasse, ses livres et opistographes ; feit, hors la ville, tirant vers le Cranie (qui est une colline et promontoire lez Corinthe), une belle esplanade ; y roulla le tonneau fictil qui pour maison luy estoit contre les injures du ciel, et en grande vehemence d'esprit, desployant ses bras, le tournoit, viroit, brouilloit, barbouilloit, hersoit, versoit, renversoit, nattoit, grattoit, flattoit, barattoit, bastoit, boutoit, butoit, tabustoit, cullebutoit, trepoit, trempoit, tapoit, timpoit, estouppoit, destouppoit, detraquoit, triquotoit, tripotoit, chapotoit, croulloit, elançoit, chamailloit, bransloit, esbransloit, levoit, lavoit, clavoit, entravoit, bracquoit, bricquoit, bloquoit, tracassoit, ramassoit, cabossoit, afestoit, affustoit, baffouoit, enclouoit, amadouoit, goildronnoit, mittonoit, tastonnoit, bimbelotoit, clabossoit, terrassoit, bistorioit, vreloppoit, chaluppoit, charmoit, armoit, gizarmoit, enharnachoit, empennachoit, caparassonoit ; le devalloit de mont à val, et precipitoit par le Cranie ; puys de val en mont le rapportoit, comme Sisyphus fayt sa pierre : tant que peu s'en faillit qu'il ne le defonçast. Ce voyant quelqu'un de ses amis luy demanda quelle cause le mouvoit à son corps, son esprit, son tonneau ainsi tourmenter ? Auquel respondit le philosophe qu'à aultre office n'estant pour la republicque employé, il, en ceste façon, son tonneau tempestoit, pour, entre ce peuple tant fervent et occupé, n'estre veu seul cessateur et ocieux.

(Extrait du *Prologue* au *Tiers Livre*)

Comment Panurge prend conseil
d'ung vieil poete françois nommé Raminagrobis

Un idéal antique devant la mort ou un authentique évangélisme ?
Un souci, en tout cas, de distinguer la fausse religion de la vraie. Et
un anticléricalisme d'une violence rare.

« Je ne pensoys, dist Pantagruel, jamais rencontrer home tant
obstiné à ses appréhensions comme je vous voy. Pour toutesfoys
vostre doubte esclarcir, suys d'advis que nous mouvons toute pierre.
Entendez ma conception. Les Cycnes, qui sont oyseaulx sacrés à
Apollo, ne chantent jamais sinon quand ilz approchent de leur mort,
mesmement en Meander, fleuve de Phrygie (je le diz pour ce que
Ælianus et Alexander Myndius escrivent en avoir ailleurs veu plusieurs mourir, mais nul chanter en mourant) ; de mode que chant
de Cycne est presaige certain de sa mort prochaine, et ne meurt
que préalablement n'ayt chanté. Semblablement, les poëtes, qui
sont en protection de Apollo, approchans de leur mort, ordinairement deviennent prophètes, et chantent par Apolline inspiration,
vaticinans des choses futures.

« J'ay d'aventaige souvent ouy dire que tout home vieulx,
decrepit, et prés de sa fin, facilement divine des cas advenir. Et me
souvient que Aristophanes, en quelque comédie, appelle les gens
vieulx Sibylles : ὁ δὲ γέρων σίϐυλλα. Car, comme nous, estans
sus le moule, et de loing voyans les mariniers et voyagiers dedans
leurs naufz en haulte mer, seulement en silence les considerons,
et bien prions pour leur prospere abordement ; mais, lorsqu'ilz
approchent du havre, et par parolles et par gestes les saluons, et
congratulons de ce que à port de saulveté sont avecques nous arrivez :
aussi les Anges, les Heroes, les bons Demons (selon la doctrine des
Platonicques) voyans les humains prochains de mort, comme de
port tres sceur salutaire, port de repous et de tranquillité, hors les
troubles et sollicitudes terriennes, les salüent, les consolent, parlent
avecques eulx, et ja commencent leurs communicquer art de divi-
nation.

« Je ne vous allegueray exemples antiques de Isaac, de Jacob,
de Patroclus envers Hector, de Hector envers Achilles, de Polym-
nestor envers Agamemnon et Hecuba, du Rhodien celebré par
Posidonius, de Calanus Indian envers Alexandre le Grand, de

Orodes envers Mezentius et aultres : seulement vous veulx ramentevoir le docte et preux chevallier Guillaume du Bellay, seigneur jadis de Langey, lequel on mont de Tarare mourut, le 10 de janvier, l'an de son aage le climatere, et de nostre supputation l'an 1543, en compte Romanicque. Les troys et quatre heures avant son decés il employa en parolles viguoureuses, en sens tranquil et serain, nous predisant ce que depuys part avons veu, part attendons advenir ; combien que, pour lors, nous semblassent ces propheties aulcunement abhorrentes et estranges, par ne nous apparoistre cause ne signe aulcun present pronostic de ce qu'il predisoit.

« Nous avons icy, prés la Villaumere, un home et vieulx et poëte, c'est Raminagrobis, lequel en secondes nopces espousa la grande Guorre, dont nasquit la belle Bazoche. J'ay entendu qu'il est en l'article et dernier moment de son decés : transportez-vous vers luy, et oyez son chant. Pourra estre que de luy aurez ce que pretendez, et par luy Apollo vostre doubte dissouldra. — Je le veulx, respondit Panurge. Allons-y, Epistémon, de ce pas, de paour que mort ne le previeigne. Veulx-tu venir, frere Jan ? — Je le veulx, respondit frere Jan, bien voluntiers, pour l'amour de toy, couillette. Car je t'aime du bon du foye. »

Sus l'heure feut par eulx chemin prins, et, arrivans au logis poëticque, trouverent le bon vieillart en agonie, avec maintien joyeulx, face ouverte, et regard lumineux.

Panurge, le salüant, luy mist on doigt medical de la main gauche, en pur don, un anneau d'or, en la palle duquel estoit un sapphyr oriental, beau et ample ; puys, à l'imitation de Socrates, luy offrit un beau coq blanc, lequel, incontinent posé sur son lict, la teste elevée, en grande alaigresse, secoua son pennaige, puis chanta en bien hault ton. Cela faict, Panurge requist courtoisement dire et exposer son jugement sus le doubte du mariage pretendu.

Le bon vieillard commenda luy estre apporté ancre, plume et papier. Le tout fut promptement livré. Adoncques escrivit ce que s'ensuit :

> Prenez-la, ne la prenez pas.
> Si vous la prenez, c'est bien faict.
> Si ne la prenez en effect,
> Ce sera œuvré par compas
> Gualoppez, mais allez le pas.
> Recullez, entrez y de faict.
> Prenez-la, ne...
>
> Jeusnez, prenez double repas,
> Defaictez ce qu'estoit refaict.

Refaictez ce qu'estoit defaict.
Soubhaytez luy vie et trespas.
Prenez-la, ne...

Puis leurs bailla en main, et leurs dist : « Allez, enfans, en la guarde du grand Dieu des cieulx, et plus de cestuy affaire ne de aultre que soit ne me inquietez. J'ay, ce jourd'huy, qui est le dernier et de May et de moy, hors ma maison, à grande fatigue et difficulté, chassé un tas de villaines, immondes et pestilentes bestes, noires, guarres, fauves, blanches, cendrées, grivolées ; les quelles laisser ne me vouloient à mon aise mourir, et, par fraudulentes poinctures, gruppemens harpiacques, importunitez freslonnicques, toutes forgées en l'officine de ne sçay quelle insatiabilité, me evocquoient du doulx pensement on quel je acquiesçois, contemplant, et voyant et ja touchant et guoustant le bien et felicité que le bon Dieu a preparé à ses fideles et esleuz, en l'aultre vie et estat de immortalité.

« Declinez de leur voye, ne soyez à elles semblables, plus ne me molestez, et me laissez en silence, je vous supply. »

(Tiers Livre, chap. XXI)

Continuation des responses de Trouillogan,
philosophe ephectique et pyrrhonien

Voyons, Monsieur Molière !

« Vous dictez d'orgues, respondit Panurge. Mais je croy que je suis descendu on puiz tenebreux, auquel disoit Heraclytus estre Verité cachée. Je ne voy goutte, je n'entends rien, je sens mes sens tous hebetez, et doubte grandement que je soye charmé. Je parleray d'aultre style. Nostre féal, ne bougez. N'emboursez rien. Muons de chanse, et parlons sans disjunctives. Ces membres mal joinctz vous faschent, à ce que je voy. Or ça, de par Dieu, me doibs-je marier ?
TROUILLOGAN - Il y a de l'apparence.
PANURGE - Et si je ne me marie poinct ?
TROUILLOGAN - Je n'y voy inconvenient aulcun.
PANURGE - Vous n'y en voyez poinct ?
TROUILLOGAN - Nul, ou la veue me deçoit.
PANURGE - Je en trouve plus de cinq cens.
TROUILLOGAN - Comptez-les.
PANURGE - Je diz improprement parlant, et prenant nombre certain pour incertain ; determiné, pour indeterminé. C'est à dire beaucoup.
TROUILLOGAN - J'escoute.
PANURGE - Je ne peuz me passer de femme, de par tous les diables.
TROUILLOGAN - Houstez ces villaines bestes.
PANURGE - De par Dieu soit ! Car mes Salmiguondinoys disent coucher seul ou sans femme estre vie brutale, et telle la disoit Dido en ses lamentations.
TROUILLOGAN - A vostre commandement.
PANURGE - Per lé quau Dé, j'en suis bien. Doncques me marieray-je ?
TROUILLOGAN - Par adventure.
PANURGE - M'en trouveray-je bien ?
TROUILLOGAN - Scelon la rencontre.
PANURGE - Aussi si je rencontre bien, comme j'espoire, seray je heureux ?
TROUILLOGAN - Assez.
PANURGE - Tournons à contre poil. Et si je rencontre mal ?
TROUILLOGAN - Je m'en excuse.
PANURGE - Mais conseillez moy, de grace : que doibs je faire ?
TROUILLOGAN - Ce que vouldrez.
PANURGE - Tarabin tarabas.
TROUILLOGAN - Ne invocquez rien, je vous prie.
PANURGE - On nom de Dieu soit. Je ne veulx sinon ce que me conseillerez. Que m'en conseillez-vous ?

TROUILLOGAN - Rien.

PANURGE - Me mariray-je ?

TROUILLOGAN - Je n'y estois pas.

PANURGE - Je ne me marieray doncques poinct ?

TROUILLOGAN - Je n'en peu mais.

PANURGE - Si je ne suis marié, je ne seray jamais coqu ?

TROUILLOGAN - Je y pensois.

PANURGE - Mettons le cas que je sois marié.

TROUILLOGAN - Où le mettrons nous ?

PANURGE - Je dis, prenez le cas que marié je sois.

TROUILLOGAN - Je suys d'ailleurs empesché.

PANURGE - Merde en mon nez ; dea ! si je osasse jurer quelque
petit coup en cappe, cela me soulageroit d'autant. Or bien ; patience !
Et doncques, si je suis marié, je seray coqu ?

TROUILLOGAN - On le diroit.

PANURGE - Si ma femme est preude et chaste, je ne seray jamais
coqu ?

TROUILLOGAN - Vous me semblez parler correct.

PANURGE - Escoutez.

TROUILLOGAN - Tant que vouldrez.

PANURGE - Sera elle preude et chaste ? Reste seulement ce poinct.

(Tiers Livre, chap. XXXVI)

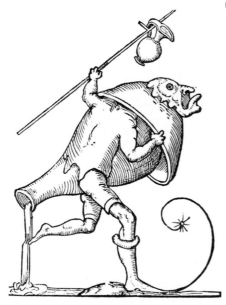

Séance de conseil sur l'Olympe : un Jupiter familier, ressuscité à force d'irrespect.

De son temps estoit un pauvre villageois natif de Gravot, nommé Couillatris, abatteur et fendeur de bois, et, en cestuy bas estat, guaingnant cahin caha sa paouvre vie. Advint qu'il perdit sa coingnée. Qui feut bien fasché et marry ? Ce fut il : car de sa coingnée dependoit son bien et sa vie ; par sa coingnée vivoit en honneur et reputation entre tous riches buscheteurs ; sans coingnée mouroit de faim. La mort six jours aprés, le rencontrant sans coingnée, avecques son dail l'eust fausché et cerclé de ce monde. En cestuy estrif commença crier, prier, implorer, invocquer Juppiter, par oraisons moult disertes (comme vous sçavez que Necessité feut inventrice d'Eloquence), levant la face vers les cieulx, les genoilz en terre, la teste nue, les bras haulx en l'air, les doigts des mains esquarquillez, disant à chascun refrain de ses suffrages, à haulte voix infatiguablement : « Ma coingnée, ma coingnée ; rien plus, ô Juppiter, que ma coingnée ou deniers pour en achapter une aultre. Helas ! ma paouvre coingnée ! » Juppiter tenoit conseil sus certains urgens affaires, et lors opinoit

167

la vieille Cybelle, ou bien le jeune et clair Phœbus, si le voulez. Mais tante grande fut l'exclamation de Couillatris qu'elle feut en grand effroy ouye on plein conseil et consistoire des Dieux.

« Quel diable, demanda Jupiter, est là-bas qui hurle si horrificquement ? Vertuz de Styx, ne avons nous pas cy devant esté, presentement ne sommes-nous assez icy à la decision empeschez de tant d'affaires controvers et d'importance ? Nous avons vuidé le debat de Presthan, roi des Perses, et de sultan Solyman, empereur de Constantinople. Nous avons clos le passaige entre les Tartres et les Moscovites. Nous avons respondu à la requeste du Cheriph. Aussi avons-nous à la devotion de Guolgotz Rays. L'estat de Parme est expedié, aussi est celluy de Maydenbourg, de la Mirandole et de Afrique. Ainsi nomment les mortelz ce que, sus la mer Mediterranée, nous appellons *Aphrodisium*. Tripoli a changé de maistre par male guarde. Son periode estoit venu. Icy sont les Guascons renians et demandans restablissements de leurs cloches. En ce coing sont les Saxons, Estrelins, Ostrogothz et Alemans, peuple jadis invicible, maintenant Aberkeids, et subjuguez par un petit homme tout estropié. Ilz nous demandent vengeance, secours, restitution de leur premier bon sens et liberté antique. Mais que ferons nous de ce Rameau et de ce Gaiand, qui, capparassonnez de leurs marmitons, suppous et astipulateurs, brouillent toute ceste Academie de Paris ? J'en suis en grande perplexité. Et n'ay encores resolu quelle part je doibve encliner. Tous deux me semblent autrement bons compaignons et bien couilluz. L'un a des escuz au soleil, je dis beaulx et trébuchans ; l'aultre en vouldroit bien avoir. L'un a quelques sçavoir ; l'autre n'est ignorant. L'un aime les gens de bien ; l'aultre est des gens bien aimé. L'un est un fin et cauld renard ; l'autre medisant, mesescrivant et abayant contre les antiques Philosophes et Orateurs, comme un chien. Que t'en semble, dis, grand Vietdage Priapus ? J'ay maintes fois trouvé ton conseil et advis equitable et pertinent : *et habet tua mentula mentem.*

(Extrait du *Prologue* du *Quart Livre*)

Comment, entre les parolles gelées, Pantagruel trouva des mots de gueule

A propos d'une « langue-matière » chez Rabelais.

Le pilot feist responce : « Seigneur, de rien ne vous effrayez. Icy est le confin de la mer glaciale, sus laquelle feut, au commencement de l'hyver dernier passé, grosse et felonne bataille, entre les Arimaspiens et les Nephelibates. Lors gelerent en l'air les parolles et crys des homes et femmes, les chaplis de masses, les hurtys des harnois, des bardes, les hannissemens des chevaulx, et tout aultre effroy de combat. A ceste heure la rigueur de l'hyver passée, advenente la serenité et temperie du bon temps, elles fondent et sont ouyes. — Par Dieu, dist Panurge, je l'en croy. Mais en pourrions nous veoir quelqu'une. Me soubvient avoir leu que l'orée de la montaigne en laquelle Moses receut la loy des Juifz, le peuple voyoit la voix sensiblement. — Tenez, tenez, dist Pantagruel, voyez en cy qui encores ne sont degelées. » Lors nous jecta sus le tillac pleines mains de parolles gelées, et sembloient dragees perlees de diverses couleurs. Nous y vismes des motz de gueule, des motz de sinople, des motz de azur, des motz de sable, des motz dorez. Les quelz, estre quelque peu eschauffez entre nos mains, fondoient comme neiges, et les oyons realement ; mais ne les entendions ; car c'estoit langaige barbare. Exceptez un assez grosset, lequel ayant frere Jan eschauffé entre ses mains, feist un son tel que font les chastaignes jectées en la braze sans estre entommees lors que s'esclatent, et nous feist tous de paour tressaillir. « C'estoit, dist frere Jan, un coup de faulcon en son temps. » Panurge requist Pantagruel luy en donner encores. Pantagruel luy respondit que donner parolles estoit acte des amoureux. « Vendez m'en doncques, disoit Panurge. — C'est acte de advocatz, respondit Pantagruel, vendre parolles. Je vous vendroys plus tost silence et plus cherement, ainsi que quelques foys la vendit Demosthenes moyennant son argentangine. »

Ce nonobstant il en jecta sus le tillac trois ou quatre poignées. Et y veids des parolles bien picquantes, des parolles sanglantes, les quelles le pilot nous disoit quelquefois retourner on lieu duquel estoient proferees, mais c'estoit la guorge couppée ; des parolles horrificques, et aultres assez mal plaisantes à veoir. Lesquelles ensemblement fondues ouysmes, hin, hin, hin, hin, his, ticque, torche, lorgne, bredelin, brededac, frr, frrr, frrrr, bou, bou, bou, bou, bou, bou, bou, bou, tracc, tracc, trr, trrr, trrrr, trrrrr, trrrrrr, on, on, on, on, on, ouououon : goth, magoth, et ne sçay quelz aultres motz barbares, et disoyt que c'estoient vocables du hourt et hannissement des chevaulx à l'heure qu'on chocque ; puys en ouysmes d'aultres grosses, et rendoient son en degelant les unes comme des tabours et fifres, les aultres comme des clairons et trompettes. Croyez que nous y eusmez du passe temps beaucoup. Je vouloys quelques motz de gueule mettre en reserve dedans de l'huille comme l'on garde la neige et la glace, et entre du feurre bien nect. Mais Pantagruel ne le voulut : disant estre follie faire reserve de ce dont jamais l'on n'a faulte et que tous jours on a en main, comme sont motz de gueule entre tous bons et joyeulx Pantagruelistes. Là Panurge fascha quelque peu frere Jan, et le feist entrer en resverie, car il le vous print au mot sus l'instant qu'il ne s'en doubtoit mie, et frere Jan menassa de l'en faire repentir en pareille mode que se repentit G. Jousseaulme vendant à son mot le drap au noble Patelin, et advenant qu'il feust marié le prendre aux cornes, comme un veau, puys qu'il l'avoit prins au mot comme un home. Panurge lui feist la babou, en signe de dérision. Puys s'escria, disant : « Pleust à Dieu que içy, sans plus avant proceder, j'eusse le mot de la dive Bouteille ! »

(Quart Livre, chap. LVI)

Comment en l'Isle Sonante n'est qu'un Papegault

Et voici le précurseur de Swift, avec ses véritables sociétés animales.
Quand nos sociologues en seront là...

Lors demandasmes à maistre Aeditue, veu la multiplication de ces venerables oiseaux en toutes leurs especes, pourquoy là n'estoit qu'un Papegaut. Il nous respondit que telle estoit l'institution premiere, et fatale destinée des estoilles : que des Clergaux naissent les Prestregaux et Monagaux, sans compagnie charnelle, comme se fait entre les abeilles d'un jeune toreau accoustré selon l'art et pratique d'Aristeus. Des Prestregaux naissent les Evesgaux ; d'iceux les beaux Cardingaux, et les Cardingaux, si par mort n'estoient prevenus, finissoient en Papegaut, et n'en est ordinairement qu'un, comme par les ruches des abeilles n'y a qu'un roy, et au monde n'est qu'un soleil. Iceluy decedé, en naist un autre en son lieu de toute la race des Cardingaux : entendez tousjours sans copulation charnelle. De sorte qu'il y a en ceste espece unité individuale, avec perpetuité de succession, ne plus ne moins qu'au Phœnix d'Arabie. Vray est qu'il y a environ deux mil sept cens soixante lunes que furent en nature deux Papegaux produits ; mais ce fut la plus grande calamité qu'on vist onques en cest̃e Isle. « Car, disoit Aeditue, tous ces oiseaux icy se pillerent les uns les aultres, et s'entreplauderent si bien ce temps durant que l'Isle periclita d'estre spoliée de ses habitans. Part d'iceux adheroit à un, et le soutenoit ; part à l'aultre, et le defendoit ; demeurerent part d'iceux muts comme poissons, et onques ne chanterent, et part de ces cloches, comme interdicte, coup ne sonna. Ce seditieux temps durant, à leur secours evoquerent Empereurs, Roys, Ducs, Marquis, Monarques, Comtes, Barons et communautez du monde qui habite en continent et terre ferme, et n'eut fin ce schisme et ceste sedition qu'un d'iceux ne fust tollu de vie, et la pluralité reducte en unité. »

Puis demandasmes qui mouvoit ces oiseaux ainsi sans chanter. Aeditue nous respondit que c'estoient les cloches pendantes au dessus de leurs cages. Puis nous dist : « Voulez-vous que presentement je fasse chanter ces Monagaux que vous voyez là bardoculés d'une chausse d'hypocras, comme une alouette sauvage ? — De grace, « respondismes-nous. Lors sonna une cloche six coups seulement, et Monagaux d'accourir, et Monagaux de chanter. » Et si, dist Panurge, je sonnois cette cloche, ferois-je pareillement chanter ceux icy qui ont le pennage à couleur de haran soret ? — Pareillement, respondit Aeditue.

Panurge sonna, et soudain accoururent ces oiseaux enfumez, et chantoient ensemblement ; mais ils avoient les voix rauques et malplaisantes. Aussi nous remonstra Aeditue qu'ils ne vivoient que de poisson, comme les Herons et Cormorans du monde, et que c'estoit une quinte espece de Cagaux imprimez nouvellement. Adjousta d'avantage qu'il avoit eu advertissement par Robert Valbringue, qui par là, n'agueres, estoit passé en revenant du pays d'Afrique, que bientost y devoit avoler une sexte espece ; lesquels il nommoit Capucingaux, plus tristes, plus maniaques et plus fascheux qu'espece qui fust en toute l'Isle. « Affrique, dit Pantagruel, est coustumiere tousjours choses produire nouvelles et monstrueuses. »

(Cinquième Livre, chap. III)

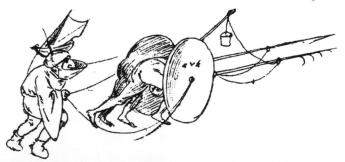

Quelques jugements

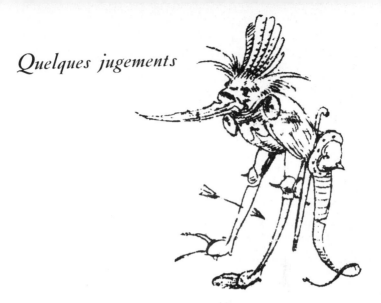

C'est un fait que tout ce qui est grand défie les jugements moyens. Notre auteur est tour à tour l'« infâme Rabelais » (SAINT FRANÇOIS DE SALES) et « un des génies-mères de l'humanité » (CHATEAUBRIAND). Condamné en général par les moralistes, je ne vois aucun grand poète, par contre, qui ne l'ait admiré. HUGO voit un « gouffre de l'esprit » dans ce Rabelais « que nul ne comprit ». Pour BALZAC, c'est le « grand esprit de l'humanité moderne, qui résume Pythagore, Hippocrate, Aristophane et Dante. » NODIER parle du « plus universel et du plus profond des écrivains des temps modernes », CHATEAUBRIAND proclame qu'« il a créé les lettres françaises » et que « Montaigne, La Fontaine, Molière viennent de sa descendance ». THÉOPHILE GAUTIER l'appelle un « Homère moqueur », BARBEY D'AUREVILLY a une image superbe : « Mastodonte émergé radieusement du chaos dans le bleu d'un monde naissant ». FLAUBERT trouve son œuvre belle « comme la vie même, dont elle a le mystère. » De TAINE à DAUDET, de VIGNY ou MÉRIMÉE à BAUDELAIRE (Lamartine excepté), tout le monde l'admire au XIXe siècle. C'est peut-être MICHELET qui en a le mieux parlé, le trouvant « aussi grand que Shakespeare ». Le chantre du peuple le juge « plus grand seigneur qu'Aristophane ». Gargantua et Pantagruel sont « le sphynx et la chimère, un monstre à cent têtes, à cent langues, un chaos harmonique, une farce de portée infinie, une ivresse lucide à merveille, une folie profondément sage. » Rabelais, c'est « l'homme de toute étude, de tout art, de toute langue, le véritable *panourgos...* qui fut tout et fut propre à tout, qui contient le génie du siècle et le déborde à chaque instant. » L'autre philosophe de la Révolution, VOLTAIRE, disait par contre que c'était « un philosophe ivre qui n'a écrit que dans le temps de son ivresse ». Ni l'un ni l'autre n'étaient philosophes, mais l'un était poète. LA BRUYÈRE est fort dur. « Marot et Rabelais, écrit-il, sont inexcusables d'avoir semé l'ordure dans leurs écrits : tous deux avaient assez de génie et de naturel pour pouvoir s'en passer, même à l'égard de ceux qui cherchent moins à admirer qu'à rire dans un auteur. Rabelais surtout est incompréhensible ; son livre est une énigme, quoi qu'on veuille dire, inexplicable ; c'est une chimère, c'est le visage d'une belle femme avec des pieds et une queue de serpent [1] ou de quelque autre bête plus difforme ; c'est un monstrueux assemblage d'une morale fine et ingénieuse et d'une sale corruption. Où il est mauvais, il passe bien loin au delà du pire, c'est le charme de la canaille ; où il est bon, il va jusques à l'exquis et à l'excellent, il peut être le mets des plus délicats. »

Nous avons demandé à quelques écrivains contemporains de nous donner leur avis sur Rabelais. Il y a ceux qui ne l'ont pas beaucoup lu : « Je l'ai peu fréquenté », dit FRANÇOIS MAURIAC. Et CAMUS : « Bien que je le retrouve parfois avec plaisir, je ne puis dire qu'il ait joué un rôle important dans ma formation. Mais je me demande si ce ne serait pas une très bonne idée pour moi de le relire tout entier. » Même remords chez JULIEN GRACQ : « Vous n'avez pas besoin de me prouver que j'ai tort. »

Puis il y a ceux qui se sont méfiés : MONTHERLANT rejoint curieusement Breton. Henry de Montherlant : « Ce vieux français, c'est incompréhensible. Il faudrait l'apprendre. Rabelais est de ces auteurs dont je n'ai pas lu une ligne. C'est comme Voltaire : même pas lu le *Candide*. Je suis un des rares Français qui n'ont jamais lu une ligne de Voltaire. Vous pouvez le dire. »

ANDRÉ BRETON : « Il se trouve que j'ai fort peu fréquenté Rabelais, de qui le ton m'a rebuté à l'époque de ma jeunesse et cela assez sérieusement pour que même Jarry ne soit pas parvenu à me réconcilier avec lui. Je n'ignore pas son importance sur le plan ésotérique, mais je me fie à de bien plus qualifiés que moi pour le dégager. » Pour MARCEL AYMÉ par contre, Rabelais est « le premier des surréalistes ».

HENRY MILLER voit dans Rabelais un pôle de l'esprit humain, l'autre étant Dostoïevski. « Dans toute la littérature, il m'est difficile de penser à deux plus grands extrêmes que Rabelais et Dostoïevski, que je continue à vénérer tous les deux. Il ne peut y avoir d'écrivains plus mûrs que ces deux-là ; il ne peut y en avoir qui révèlent avec plus d'éloquence l'éternelle jeunesse de l'esprit. »

Le vocabulaire rabelaisien n'a rien perdu de son attirance pour ANDRÉ MALRAUX : « Rabelais m'a toujours intéressé de la façon la plus vive, d'abord par sa langue et par son extraordinaire création poétique. Je ne lui ai rendu hommage qu'en redonnant une sorte de fortune au mot *farfelu* que j'avais trouvé chez lui. »

MARCEL JOUHANDEAU, lui, se penche sur le moraliste, mais les choses ont bien changé depuis La Bruyère : « J'ai toujours pensé que dans Rabelais on trouve tout, après l'occasion de rire et sous le couvert d'une apparente bouffonnerie. mieux que de sérieuses considérations, un enseignement grave... Mais la merveille, c'est de découvrir dans le livre III, chapitre 13. une pensée sublime dont le vulgaire attribue la paternité à Pascal, parce

_____

1. Le Littré admet que le serpent est un genre de reptile qui peut avoir des « membres rudimentaires ».

que celui-ci a su lui donner sa forme définitive : « Notre âme, lorsque le corps dort et que la concoction est de tous endroictz parachevée, rien plus n'y estant nécessaire jusques au réveil, s'ébat et revoit sa patrie, qui est le ciel. De là receoit participation insigne de sa prime et divine origine et en contemplation de ceste infinie et intellectuelle sphère, le centre de laquelle est en chascun lieu de l'univers, la circunférence point. (C'est Dieu, selon la doctrine d'Hermès Trismegistus). » On voit que si Rabelais a constaté (Livre II, 27) que la raison physicale de nos humeurs mauvaises est que nous avons le cœur près de la m..., il sait l'élever bien au-dessus. L'homme et Dieu ! Est-il autre chose qui mérite avec plus d'urgence d'être connu ? Et c'est ce que Rabelais n'ignore pas et ne nous permet pas d'oublier.

Mais le dernier mot reste au poète, toujours. JEAN COCTEAU nous dit : « Rabelais, ce sont les entrailles de la France, les grandes orgues d'une cathédrale pleine des grimaces du diable et du sourire des anges. Le seul respect m'a empêché d'écrire sur son œuvre. On rêve d'un Rabelais illustré par Hiéronymus Bosch. Peut-être ce livre merveilleux existe-t-il dans quelque ciel. »

Depuis la parution de ce petit ouvrage, une certaine littérature agélaste [1] « des fesses », comme dirait Rabelais, et dite « engagée », est décédée, bien qu'elle connaisse encore de doctes soubresauts. C'est qu'elle n'était pas engagée, comme Shakespeare ou Swift ou Rabelais, dans la dimension politique de l'homme, mais seulement serve de ces hôtes grimés, et de passage, que sont les idéologies. La critique n'a pas entièrement suivi ce mouvement. Depuis Boileau, elle est toujours en retard d'une profondeur.

L' « objectivité » de la critique est un mythe — on a l' « objectivité » qu'on mérite. L'honnêteté m'oblige à informer le lecteur de la manière dont il faut entendre l' « objectivité » de ce petit ouvrage.

Depuis dix ans, j'ai essayé de me rapprocher de la « réalité » de Rabelais. Dans l'Écrivain et son langage (1960), je développais la « psychanalyse existentielle du style » dont il est question ici p. 123-131, et j'essayais de poser le problème de la « distance » de l'écrivain au monde. Dans Chateaubriand ou le poète face à l'histoire (1963), je tentais de distinguer deux voix, qui sont également conjuguées dans Rabelais, celle du poète orphique, et celle du poète épique. Dans l'Essai sur l'avenir poétique de Dieu (1965), je me posais la question du soutien cosmologique des grandes voix, car Rabelais est à la fois le chantre d'une nouvelle cosmologie et l'initié qui conduit ses « navires au port ». Dans De l'idolâtrie (1969), je posais le problème de l'idole, qui domine tout le débat sur la foi chez Rabelais. Enfin, dans Science et Nescience (1970), je tentais, par une anthropologie des sciences expérimentales, de dépasser les idoles et de déboucher sur le sacré. Le titre même évoque la science sans conscience n'est que ruine de l'âme de Rabelais.

Je n'ai donc pas tenté autre chose que de me rapprocher un peu de la réalité profonde de Rabelais l'inépuisable. Puisse l' « objectivité » de ce petit essai garder son intérêt. Nous espérons, dans les dix prochaines années, nous rapprocher encore un peu de notre auteur.

---

1. Qui ne rit pas.

Chronologie

1494 (?)   Naissance de François Rabelais à la Devinière. Fils d'Antoine Rabelais, avocat à Chinon, sénéchal de Lerné, substitut des lieutenants généraux et particuliers au siège de Chinon.
1511 (?)   Prise d'habit au couvent des frères mineurs de Fontenay-le-Comte (Vendée).
1521-1524   Correspondance avec Budé. Protection de Geoffroy d'Estissac, évêque de Maillezais. Doctes réunions à Ligugé, chez Tiraqueau. Saisie des livres grecs de Rabelais.
1525   Indult du pape : Rabelais passe dans l'ordre de saint Benoît. Admis à l'abbaye de Maillezais.
1530   17 septembre - Rabelais s'inscrit à la Faculté de Médecine de Montpellier. Il est prêtre séculier sans la permission de son supérieur.
1er novembre - Bachelier en médecine.
1531   Du 17 avril au 24 juin - Cours de stage : explication publique des *Aphorismes* d'Hippocrate et de l'*Ars parva* de Galien.
Fin de l'année - Rabelais se rend à Lyon.
1532   Publication des *Aphorismes* d'Hippocrate chez Gryphe. Réimpression des *Lettres médicales* de Manardi. Publication du *Testament* de Lucius Cuspidius. Remise à Claude Nourry du *Pantagruel*. Voyage en Chinonnais. *Pantagrueline pronosticatio*. Almanach pour l'an 1533. Nommé médecin à l'Hôtel-Dieu.
1533   Première édition datée du *Pantagruel* (en fait, la seconde) chez François Juste.
23 octobre - *Pantagruel* censuré par la Sorbonne.
8 novembre - Départ pour l'Italie avec Jean du Bellay, malade.

1534   Février, mars - Séjour à Rome.
        Mai - De retour à Lyon.
        Août - Publication de la *Typographia Romæ antiquæ*. Publication
        du *Gargantua*.
1535   Janvier - Rabelais quitte Lyon.
        Mai - Retour à Lyon.
        Juillet - Second départ pour Rome avec Jean du Bellay. Corres-
        pondance avec Geoffroy d'Estissac. *Supplicatio pro apostasia*
        au pape.
1536   17 janvier - Bref de Paul III en faveur de Rabelais.
        Juillet - Retour à Lyon où se trouve la cour. Départ pour Paris
        avec Jean du Bellay qui met la capitale en état de défense.
1537   22 mai - Reçu au doctorat en médecine à Montpellier. Dissection
        d'un pendu à Lyon.
1538   Mort de Théodule, fils de Rabelais. Rabelais assiste à l'entrevue
        d'Aigues-Mortes. Trou de deux ans dans la biographie de
        Rabelais.
1540   Rabelais à Turin avec Guillaume du Bellay, seigneur de Langey,
        frère aîné du cardinal Jean du Bellay.
1542   Départ pour Turin.
        Avril - Correction des deux premiers livres lors du passage à
        Lyon.
        Décembre - Départ pour la France avec Langey, malade.
1543   9 janvier - Mort de Guillaume de Langey.
        30 mai - Mort de Geoffroy d'Estissac.
        Nouvelle censure du *Gargantua* et du *Pantagruel*.
1545   Privilège du roi pour Rabelais.
1546   Parution du *Tiers Livre* chez Christian Wedel. Nouvelle censure
        malgré le privilège royal. Rabelais se réfugie à Metz. Médecin
        de cette ville.
1547   Rabelais revient à Paris.
        27 juillet - Départ pour Rome avec Jean du Bellay. A Lyon,
        remise à l'imprimeur des onze premiers chapitres du *Quart
        Livre* et de l'*Almanach pour 1548*.
1549   Septembre - Relation par Rabelais au duc de Guise de la *Scioma-
        chie*. Jean du Bellay rentre en France. Publication du *Théotimus*
        de Gabriel de Puy-Herbault, où Rabelais est accusé d'impiété.
        Du Bellay repart seul pour Rome avec les cardinaux de Guise,
        de Châtillon et de Vendôme qui se rendent au conclave. Grand
        découragement de Rabelais.
1550   Odet de Châtillon obtient du roi un nouveau privilège pour
        Rabelais. Jean du Bellay revient malade de Rome, se retire au
        château de Saint-Maur où Rabelais redevient son médecin traitant.
        Composition du *Quart Livre* dans ce lieu *de délices et tous
        honnestes plaisirs de agriculture et vie rustique*.
1551   18 janvier - Jean du Bellay pourvoit Rabelais de la cure de Saint-
        Martin de Meudon et de celle de Saint-Christophe de Jambet.
1552   28 janvier - *Parution du Quart Livre*.
        1er mars - Nouvelle condamnation en Sorbonne.
        Novembre - Le bruit court de son incarcération.
1553   Rabelais résilie ses deux cures.
        Avril - Mort de Rabelais.
1562   Parution de l'*Isle Sonante*.
1564   Parution du *Cinquiesme et dernier Livre*.

Index

Glossaire

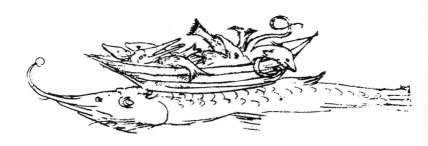

aculer	éculer (souliers)
alecret	grand corset de fer
asserer	affermir
aubergeon	cotte de maille
aubers	haubergeon
aze guayes	zagaie
badelaire	glaive large et recourbé
baisler	bâiller
barbacane	meurtrière
historier	inciser, tailler
bracquemart	courte épée (sens érotique)
brassalz	brassard
braye	issue
briguandine	armure légère
calige	soulier militaire (du latin : caliga)
catarrez	catharreux
caver	creuser
chasmate	casemate
chauffourrer	égratigner
escurer	nettoyer
esquarrer	tailler en carré
estoc	épée
estrit	peine, chagrin
exercite	armée (du latin : exercitus)
forisser	sortir

gabionner	façonner des gabions
grivolé	tacheté
guisarme	hache à deux tranchants
guorgery	gorgerin
hanicroche	longue pique à désarçonner
hoguine	jambard
humeux	buveur
jazeran	chaîne d'or
lamine	corset de fer
laneret	petit lanier (oiseau de proie)
madourez	fainéant, malotrus
mascarer	barbouiller, tacher
migraine	grenade
mourion	casque
moyneau	guérite sur roues
muliebre	féminin (du latin : mulier)
nauf	bateau
ocieux	oisif (du latin : otiosus)
oppugner	attaquer (du latin : oppugnare)
orche	à gauche
parpaillon	papillon
parthizane	pertuisane
pavoy	bouclier large et plat
penard	poignard
phalarice	caparaçon
pigne	peigne
poge	à droite
raillon	flèche
rançon	outil de tisserand
ravelin	ravin
remparer	relever les remparts
ressaper	réparer
soubdan	sultan
soleretz	armure des pieds
tassette	cuissard
treper	trépigner
trinquet	mât d'avant d'une voile latine
verdun	épée qu'on fabriquait à Verdun
virollet	membre viril
vouge	épieu, pique
vrelopper	replanir une planche

Œuvres en librairie

ŒUVRES COMPLÈTES : Gallimard, coll. « Bibliothèque de la Pléiade » (intro-
duction et notes de J. Boulenger), 1 vol. rel. Librairie H. Champion
(publiées sous la direction d'Abel Lefranc, texte établi et annoté par
J. Boulenger, H. Clouzot, P. Dorveaux et L. Sainéan), T. I et II, *Gargantua*,
épuisé; T. III et IV, *Pantagruel*; T. V, *Le Tiers-Livre*; T. VI, *Le Quart-Livre*,
à la Librairie Droz; T. VII, à paraître. Imprimerie nationale (présentées
par Marcel Guilbaud) en 6 vol. T. I, *Gargantua*, épuisé; T. II, *Pantagruel*;
T. III, *Le Tiers-Livre*; T. IV, *Le Quart-Livre*; T. V, *Le Cinquième Livre*;
T. VI, *Annexes et planches*. Garnier (édition présentée par Pierre Sourda),
coll. « Classiques », T. I, *Gargantua, Pantagruel, Le Tiers-Livre*; T. II, *Le
Quart-Livre, Le Cinquième Livre, Œuvres diverses*; coll. « Sélecta », 2 T.;
coll. « Prestige », 2 vol. Les Belles Lettres, coll. « Textes français » (présentées par J. Plattard), en 5 vol. T. I, *Gargantua;* T. II, *Pantagruel;* T. III,
Le Tiers-Livre; T. IV, *Le Quart-Livre*; T. V, *Le Cinquième Livre* et *Lettres
et écrits divers.*

PANTAGRUEL : Lib. Droz, coll. « T.L.F. » (introd. et notes par V. L. Saulnier).
Colin, coll. « Bibliothèque de Cluny ». Laffont, épuisé, Delmas, épuisé.
Delagrave, coll. « Album de Samivel » (adapt. de Mme Giraud, ill. de
Samivel), br., épuisé; Cailler, épuisé. Éd. La Farandole, coll. « Les
1 000 épisodes », 1 vol. cart. Éd. Baudelaire. Coll. « Le Livre de poche ».

GARGANTUA : Delmas, épuisé. Colin, coll. « Bibliothèque de Cluny », épuisé. Delagrave, coll. « Album de Samivel » (adapt. pour enfants de Mme Giraud, ill. de Samivel), 1 vol. Nouvelle Presse française (adapt. de Mme Reynion), rel. Les Productions de Paris, coll. « Bibliothèque de l'Étoile », (texte préparé par G. Brechtel, textes inédits de L. F. Céline et J. Perret), 1 vol. rel., épuisé, Éd. La Farandole, 1 vol. cart. Éd. Baudelaire. Coll. « Le Livre de poche ».

LE TIERS-LIVRE : Colin, coll. « Bibliothèque de Cluny ». Cailler, épuisé. Droz, coll. « T.L.F. ». Coll. « Le Livre de poche ».

LE QUART-LIVRE : Droz, coll. « T.L.F. ». Cailler, épuisé. Coll. « Le Livre de poche ».

LE CINQUIÈME LIVRE : Cailler, épuisé.

L'ABBAYE DE THÉLÈME : Droz, coll. « T.L.F. » (introd. et notes par R. Morcay).

PAGES CHOISIES : Hachette, coll. « Vaubourdolle ». Larousse, coll. « Classiques » (présentées par G. Chappon et R. Pons).

L'ŒUVRE DE RABELAIS : Hachette, coll. « Classiques France » (par J. Bonnot).

EXTRAITS : Hatier, coll. « Nouveaux Classiques », 2,90 F ; coll. « Classiques ».

LES SONGES DROLATIQUES DE PANTAGRUEL : Éd. du Terrain vague.

Bibliographie

Éditions de Rabelais

Édition critique publiée par Abel Lefranc, Jacques Boulenger, Henri Clouzot, Paul Dorveaux, Jean Plattard et Lazare Sainéan. Paris, H. et E. Champion, in-4°, T. I. et II (1912), T. III et IV (1922), T. V. (1931).

Œuvres de François Rabelais, Garnier, Paris, 1920 (Texte et notes de Louis Moland).

Œuvres complètes, Bibliothèque de la Pléiade. Gallimard, Paris, (Texte établi et annoté par Jacques Boulenger).

Le Tiers-Livre, Éd. M.-A. Screech, Droz, 1964.

Études critiques

GEORGES LOTE, *La vie et l'œuvre de François Rabelais*. E. Fourcine, Aix-en-Provence, 1938.

JOHN CARPENTIER, *Rabelais et le génie de la Renaissance*. Taillandier, Paris, 1941.

JACQUES BOULENGER, Rabelais. Colbert, Paris, 1942.

LUCIEN FEBVRE, *Rabelais et le problème de l'incroyance au XVIe siècle*. Albin Michel, (Évolution de l'humanité), Paris, 1947.

JEAN PLATTARD, *La vie et l'œuvre de Rabelais*. Boivin, Paris, (rééd. 1952).

ABEL LEFRANC, *Études sur Gargantua, Pantagruel, le Tiers-Livre*. Albin Michel, Paris, (rééd. 1953).

HENRI LEFEBVRE, *Rabelais*. Éditeurs Français Réunis, Paris, 1955.

MAURICE LECUYER, *Balzac et Rabelais*. Les Belles-Lettres, Paris, 1956.

ÉTIENNE GILSON, *Rabelais franciscain*. Vrin, (Les Idées et les Lettres), Paris, 1955.

Rabelais, écrivain-médecin, par vingt-deux médecins français et italiens. Éd. Garance, 1959.

MICHAEL SCREECH, *l'Évangélisme de Rabelais*, Droz, Genève-Paris, 1959.

M. TETEL, *Étude sur le comique de Rabelais*. Florence Olschi, 1964.

Études rabelaisiennes, t. I à VI. Droz, Genève, jusqu'en 1965.

GLAUSER, *Rabelais créateur*. Nizet, 1966.

ALBAN JOHN KRAILSHEIMER, *Rabelais*. Desclée De Brouwer, « Les écrivains devant Dieu », 1967.

MICHEL BEAUJOUR, *le Jeu de Rabelais*. L'Herne, 1970.

JEAN PARIS, *Rabelais au futur*. Éd. du Seuil, 1970, *Hamlet et Panurge*, Éd. du Seuil, 1971.

FRANÇOIS RIGOLOT, *les Langages de Rabelais*, Droz, Genève-Paris, 1972.

Illustrations

Les œuvres de Bosch figurant dans l'anthologie sont des détails des tableaux suivants : *La tentation de saint Antoine* (pp. 142, 160, 164), *Le paradis terrestre* (p. 150), *La nef des fous* (p. 155). *Hermogène et le magicien...* (p. 169). Les œuvres de Brueghel figurant dans l'anthologie des textes sont des détails de la *Danse villageoise* (p. 150), *Le pays de Cocagne* (p. XXX). En pages 2 et 3 de couverture figure la carte du Chinonnais. En page 2 le manuscrit d'une lettre de Rabelais à un humaniste orléanais.

Bibliothèque Nationale (Éditions du Seuil) : p. 2, 5, 11, 25, 29, 31, 34 a, 35 b, 38, 41, 45, 48, 50, 52, 53, 55, 61, 66, 68, 69, 73 a, b, c, 74 a, b, c, 77 a, b, 78 a, b, 80, 83, 95, 104, 105, 110, 111, 116 a, b, 117 a, b, 123, 133, 140-141, 143, 145, 149, 152, 153, 158, 163, 166, 167, 170, 172, 175, 177, 179, 181, 182, 183, 184, 185, 186. Giraudon : p. 2-3 cv, 4, 8, 12, 14-15, 16, 20, 23, 24, 34 b, 57, 82, 90, 94, 102, 115, 122, 127, 128, 142, 150, 160, 164, 169, 174. Laboratoire Luchonier, Bruxelles : p. 7. Roger Viollet : p. 30, 147, 155, 178, 188. Archives photographiques : p. 35 a. Bulloz : p. 88. Bibliothèque du protestantisme français : p. 106, 107. Multiphoto : p. 28. Ed. Skira : p. 132, 138, 139.

CE LIVRE, LE QUARANTE-HUITIÈME DE LA COLLECTION « ÉCRIVAINS DE TOUJOURS », DIRIGÉE PAR DENIS ROCHE, A ÉTÉ RÉALISÉ PAR FRANÇOISE BORIN.

Table

RABELAI[S]

Illustré par GUSTAVE DOR[É]

60 GRANDES COMPOSITIONS
250 EN-TÊTES DE CHAPITRE
ENVIRON 240 CULS-DE-LAMPE ET NOMBRE[UX]
VIGNETTES DANS LE TEXTE

2 volumes in-4°	70
Reliure toile, tranches ébar-bées	80
Demi-chagrin, fers spéciaux. .	90
Demi-chagrin, avec coins, tête dorée	100
Il a été tiré 50 exemplaires nu-mérotés sur chine.	200

~~~~~~~~~~~

MÊME OUVRAG[E]

Première Édition. — Texte rev[u]
collationné sur les éditions origin[ales]
accompagné d'une vie de l'aute[ur]
de notes. 2 volumes in-folio colom[b]
imprimés sur vélin 200

200 exemplaires numérotés sur papi[er]
Hollande (50 ont été détruits). 300

Gravure extraite
du **Rabelais**

Nouvelle Souscription en 140 livraisons à 50 centimes

DU RABELAIS

*Il paraît par semaine une livraison à **50** centimes*

PRIME AUX **2.000** PREMIERS SOUSCRIPTEURS

LES CONTES DROLATIQUES

ÉDITION ILLUSTRÉE DE **425** DESSINS

Par GUSTAVE DORÉ

Un magnifique volume in-8°, papier vélin

Les souscripteurs au nouveau **RABELAIS** recevront cette prime, répartie par feuilles de **12** pages, dans les livraisons, au fur et à mesure de la mise en vente

collections microcosme
ÉCRIVAINS DE TOUJOURS

ACHEVÉ D'IMPRIMER EN 1978 PAR L'IMPRIMERIE TARDY QUERCY S.A. A BOURGES
D. L. 1er trim. 1960. No 1067.7 (9115)

Les beaux bâtisseurs nouveaux
de pierres mortes ne sont écrits
en mon livre de vie. Je ne bâtis
que pierres vives : ce sont hommes.

Rabelais

Pater Reverendissime, quomodo bruslis, que novæ? Parisius non sunt
ova? Cæ parolles proposerii devant vostre reverence translatees
de Latin en nostre vulgaire Orleanoys valent autant a dire: Umb...
si je desiroys, Monsr vous soyez le tresbien reveru des noces, de la
feste, de faveur. Et la bonté de Dieu vous inspirois de transporter
vostre paternité jusques en vostre hermitage, vous nous en racontereez
de belles: aussi vous donnerois le Sr du liure rachatees esperance de
poisson carpresmez les quelz se tienn et se recuerdz. De vous le faire,
non quand il vous playra, mais quand le vouloir vous y apporte de
voller grand, bon, friand dire, legier sur cela enquers les quaresme; ou
biens les sallades, araneb, mebles, carpen, bischeb, dardz, umbrines,
ableteux, lipres, &c. Item les bons vins, singulierement celuy de
veteri jure enucleando, lequel en quand iceluy a vostre bonne, Ume ung
fang geal, e une seconde vostre quinto offenor. Ergo veni Domine,
et noli tardare, obteridus salvis salvandis, id est, hoc est, faisfant
vous incommode, ne distraire de vos affaires plus urgens.
Monsr apres maistre de tout mon cueur regd a vostre bonne grace, in prieray
nostre Sgr vous donne et parfaicte santé. De St Ayl ce premier iour
de Marb.

Vostre humble architriclin reputé
et amy, Franç. Rabelais medicyn.

Monsr l'eslu Baillebon trouuera
icy une humble recommandation
a sa bonne grace, aussy a madame
l'eslue et à monsr le bailif Daniel
et à touse vous autreus bons amys et à vous
Ie prieray monsr le secrotere me renuoyer
le plaston, lequel Ie m'auois presté de luy
renuoyray tout tost.

A Monsr
Le baillif, du baillif des
baillifs,
Monsr mre Antoine Hullot,
seigneur de la Couldre Dompin,
en Chrestienté
A Orleans

Compng